VERBORGENE WELTEN

Bildnachweis

shutterstock.com: 8 o.: Daniel M Ernst; 8 u.: VectorVicePhoto; 8/9 Hintergrund u.: TairA; 9 u.: LUC KOHNEN; 12 l.u.: MarkFoxPhoto; 12 r.u.: Kunlaphat Raksakul; 13 u.: Fabian Plock; 15 r.o.: Suri Sharma; 15 u.: Pakenee Kittipinyowat; 19 o.: MMPOP; 20 o.: Anna ART; 21 l.o.: Jess Kraft; 21 l.u.: Dario Lo Presti; 21 r.o.: Nina B; 21 r.u.: ESB Professional; 26 M.: LEO ARAUZO; 26 u.: PARALAXIS; 27 o.: Ondrej Prosicky; 27 u.: The Jungle Explorer; 30 l.M.: Nuki Sharir; 30 l.o.: Eric Isselee; 30 l.u.: Uwe Bergwitz; 30 r.u. (rund): Sahara Frost; 31 M.: Milton Rodriguez; 31 u.: cellistka; 32 M.: Artens; 33 2.v.o.r.: Galina Sinelnikova; 33 3.v.o.r.: Dmitri Ma; 33 4.v.o.: AlexGreenArt; 33 l.u.: Alona K; 33 M.o.: ESTELLE R; 33 r.u.: natnatnat; 34 l.u.: Nowaczyk; 34 o.: pp1; 34 r.u.: Christian Vinces; 35 o.: Kleber Cordeiro; 35 u.: CYSUN; 38 u.: GoDog Photo; 42 l.o.: Margus Vilbas; 43 l.o.: Morphart Creation; 43 r.o.: Ger Bosma Photos; 44 M.: Nessa Gnatoush; 44 r.M.: lanapan; 45 r.u.: Xyo; 46 r.o.: MyImages - Micha; 47 o.: Dirk Ercken; 47 r.M.: Gringoann; 50 r.M.: sokolova_sv; 50 r.o.: sokolova_sv; 50 u.: Natali Glado; 51 l.o.: Nicolas Primola; 51 r.o.: Nicolas Primola; 55 u.: Berendje Fotografie; 56 M.: Janossy Gergely; 56 u.: Marcelo Morena; 60 l.o.: Edwin Butter; 60 r.o.: Carlos Ezequiel Vannoni; 60 u.: Chris Rinckes; 61 l.o.: WonderPix; 61 M.: Sharad Raval; 64 M.: Agami Photo Agency; 64 u.: belizar; 65 o.: Mogens Trolle; 65 u.: reptiles4all; 68 r.M.: Deborah Sheppard; 68 u.: Mariano Villafane; 69 o. (rund): guentermanaus; 69 o.: PARALAXIS; 69 u.: guentermanaus; 72 u.: Toa55; 73 l.u.: Frontpage; 74 M.: kakteen; 74 u.: Rich Carey; 76 M.: Rawpixel.com; 77 M.: Syda Productions; 77 o.: Cocos.Bounty; 77 u.: rish_design; 78 M.: Fotos593; 79 M.: FloridaStock; 79 o.: Ziablik; 80 1.v.l.u.: Natali Glado; 80 2.v.l.u.: Krakenimages.com; 80 3.v.l.u.: Andrei Shumskiy; 80 l.M.: Toa55; 80 o.: CYSUN; 80 r.M.: MarkFoxPhoto; 81 l.u.: Dirk Ercken; 81 r.M.: Kleber Cordeiro; 82 l.u.: Kaspars Grinvalds; 82 r.u.: Andrei Shumskiy; 84 M.: Singkham; 84 o.: V_E; 84 u.: Marina Lohrbach; 85 Hintergrund: Pavel Jonas; 85 r.o.: Irina Fischer; 85 u.: Chinnapong; 86 o.: Syda Productions; 86 o.: Olena Voronetska ; 86 u.: GaudiLab; 87 l.M.: Yuliyan Velchev; 87 M.: hyotographics; 87 r.o.: Dr Morley Read; 88 l.o.: Sharomka; 88 r.o.: Mega Pixel; 88 u.: GaudiLab; 89 l.M.: Trevor Charles Graham; 89 o.: isparklinglife; 89 r.M.: seasoning_17; 89 r.u: Elena Sherengovskaya; 94 l.u.: Africa Studio; 94 M.: piyaphong; 94 r.u.: Stoliarova Daria

Weitere Urheber: 9 r.o.: NordNordWest Lizenz CC BY-SA; 13 r.o.: c.lingg Lizenz CC BY-SA; 18 l.o.: Flickr ©thejourney 1972 (South America addicted) ; 36 u.: Ambar Lizenz CC BY-SA; 37 l.o.: Cmacauley Lizenz CC BY-SA; 37 u.: Kleverenrique Lizenz CC BY-SA; 42 l.M.: FLICKR©Andreas Kay; 42 u.: Denis Barthel Lizenz CC BY-SA; 45 l.u.: Pxhere.com©kumarsaswat 6660; 45 u.M.: CCO Public Domain©Karen Arnold; 46 u.: Geoff Gallice Lizenz CC BY-SA; 51 l.M.: H. Zell Lizenz CC BY-SA; 51 r.M.: David Dodge Lizenz CC BY-SA ; 57 M., u.M.: Charles J Sharp Lizenz CC BY-SA; 65 M.: Frank Schwichtenberg Lizenz CC BY-SA; 66: NASA Jet Propulsion Laboratory; 72 l.o.: ©freepik.com; 75 r.M.: Von Pascalg622, Lizenz CC BY 3.0; 81 r.M.: Flickr ©thejourney1972 (South America addicted); 90, 91 João Marcos Rosa /AmazonFACE

Konzept und Text: Kristina Scharmacher-Schreiber
Fachlektorat: Elena Bruns
Illustrationen: Ferruccio Cucchiarini, Apecchio
Layout-Konzeption und Typographie: Raffaele Anello, Berlin
Druck und Bindung: NEOGRAFIA, a.s., Martin-Priekopa
Printed in: Slovakia

MIX
Papier aus verantwortungsvollen Quellen
FSC® C020353

ISBN: 978-3-96808-005-5

Nachdruck 5 4 3 2 1
Druckjahr 2023 2022 2021 2020

KRISTINA SCHARMACHER-SCHREIBER

Verborgene Welt des Regenwalds

Illustrationen
Ferruccio Cucchiarini

Sophie Verlag

INHALT

UNTERWEGS AUF DEM AMAZONAS

Maria steht an Deck des Flussdampfers und blickt über das Wasser. Majestätisch umgibt der Amazonas das Schiff. Zu Beginn der Fahrt, bei Belém, einer Stadt noch nahe des Atlantiks, ist der Fluss so breit, dass man das Ufer kaum erkennen kann. Mehrere Tage und Nächte auf dem Wasser liegen vor Maria, bis sie bei ihrer Großmutter ankommen wird. Das Schiff wird sie den Amazonas entlang immer tiefer in den Regenwald bis zur Dschungelcity Manaus bringen. Maria freut sich auf die Tage an Bord und hofft, viele Tiere im Wasser und am Ufer beobachten zu können. Der erste Eintrag in ihrem Reisetagebuch gehört heute aber dieser beeindruckenden Aussicht auf den Amazonas.

AUF DEM FLUSSDAMPFER

„Tuuuuuut". Das Schiffshorn übertönt dröhnend das sanfte Rauschen des Amazonas und das gemütliche Brummen des Motors. Erschrocken fährt Maria in ihrer Hängematte hoch und schaut schlaftrunken um sich, auf die vielen anderen bunten Hängematten, die auf dem Schlafdeck des Flussdampfers schaukeln. Ihr Blick wandert zum Ufer, wo der Regenwald zum Greifen nah, wie eine saftig-grüne Wand aus Blättern und Ranken vorbeizieht. Und schon fühlt sich Maria für den frühmorgendlichen Lärm entschädigt.

Hunderte Hängematten werden zu Betten an Deck

Flussverkehr

Wenn man im am Amazonas lebt, kann man nicht einfach mit dem Auto auf der Autobahn seinem Ziel entgegenbrausen. Hier gibt es kaum Straßen. Deshalb fahren die Menschen mit dem Schiff oder Boot statt mit dem Auto.

ETWA 60% DES AMAZONAS BEFINDEN SICH IN BRASILIEN

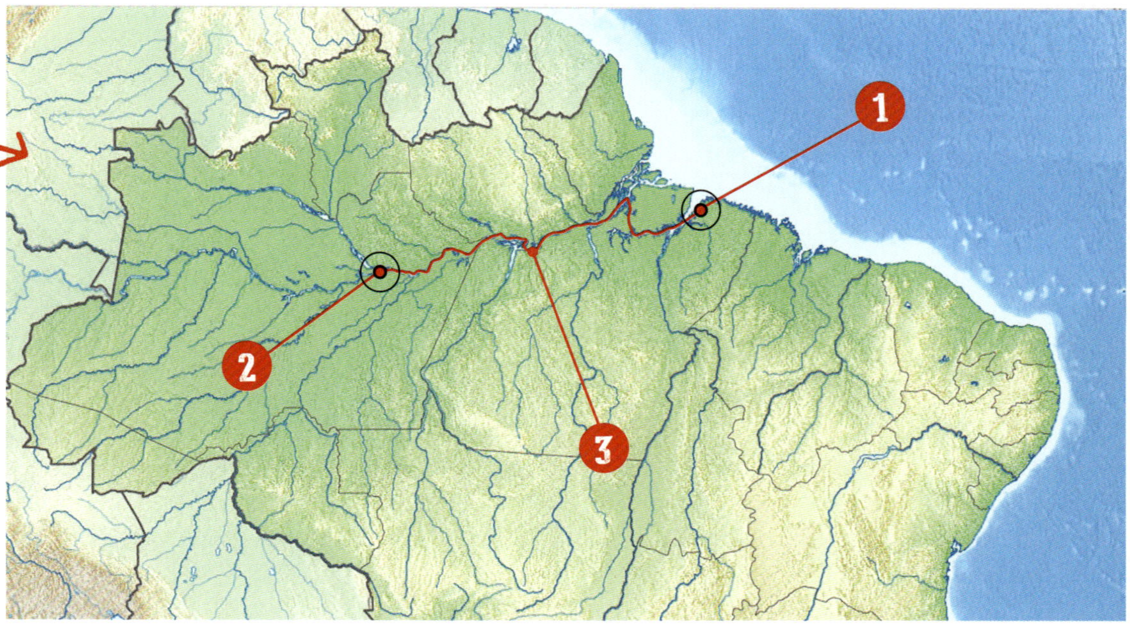

Der kürzeste Weg von Belém nach Manaus führt über den Fluss Amazonas.

1 *Belém* **2** *Manaus* **3** *Amazonas*

Moderne Schiffe

Früher fuhren auf dem Amazonas Holzschiffe. Mittlerweile werden sie nur noch für kurze Wegstrecken eingesetzt und regelmäßig von den modernen Flussdampfern aus Stahl überholt.

VON BELÉM NACH MANAUS

Maria ist auf dem Weg von Belém nach Manaus. Jedes Jahr unternimmt sie diese Reise, um ihre Großmutter zu besuchen. Zwischen den beiden großen Städten im Dschungel liegen über 1700 Kilometer. Fünf Tage lang wird das Schiff unterwegs sein. Es wäre unmöglich, die Strecke mit dem Auto zurückzulegen – zu dicht ist der Wald, der sich zwischen den Städten erstreckt. Und auch, wenn sie etwas mehr Geduld braucht – Maria mag das behäbige Schiff lieber als die kleinen wackligen Flugzeuge, die über dem Regenwald unterwegs sind.

Hinter der „grünen Wand“, die Maria vom Schiff aus sieht, liegt der Lebensraum unzähliger Pflanzen und Tiere. Der Regenwald ist eine der artenreichsten Gegenden der Erde. Immer wieder werden neue Arten entdeckt.

WAS IST REGENWALD?

Wer an den Regenwald denkt, hat meist die schwül-heißen Dschungel der Tropen im Sinn. Und tatsächlich machen sie den größten Anteil der Regenwälder aus. Doch zunächst einmal versteht man unter Regenwald einfach einen Wald, in dem es sehr feucht ist und mit mehr als 2000 Litern Regen pro Jahr und Quadratmeter enorm viel regnet. Das kann auch in Gegenden vorkommen, die nicht in den Tropen liegen und in denen das Klima weniger extrem ist. Deshalb unterscheidet man zwischen tropischen Regenwäldern und Regenwäldern der gemäßigten Klimazone.

Der tropische Regenwald umfasst wiederum drei verschiedene Waldarten: Bis in eine Höhe von etwa 800 Metern wuchert der üppige, extrem artenreiche Tieflandregenwald. Ab etwa 1000 Meter Höhe wächst bei etwas kühleren Temperaturen der Bergregenwald und jenseits der 2000 Meter spricht man von Nebelwäldern, da hier meist Wolken durch die Bäume wabern. Dann gibt es noch Feucht- oder Monsunwälder. Sie liegen in Regionen, wo es je nach Jahreszeit sehr trocken ist oder sehr viel regnet.

Urwald

Von einem Urwald spricht man, wenn ein Wald sich ohne den Einfluss von Menschen entwickelt, also völlig natürlich wächst. Große Teile des Regenwalds zählen zu den Urwäldern. Es gibt aber auch viele andere Arten von Urwald.

TIEFLANDREGENWALD

BERGREGENWALD

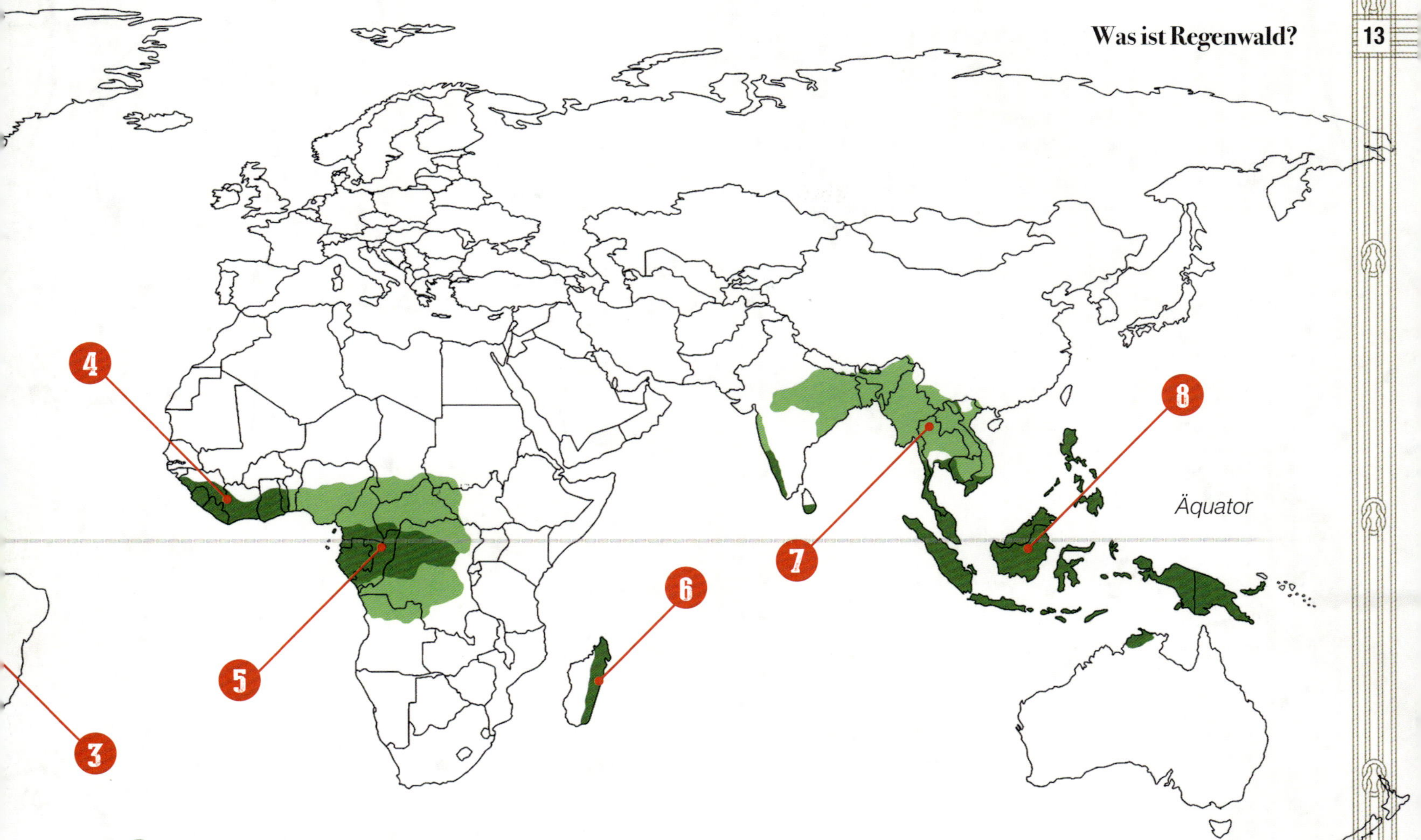

TROPISCHER REGENWALD

TROPISCHER FEUCHT- UND MONSUNWALD

1 *Mittelamerika*
2 *Karibik*
3 *Amazonasbecken*
4 *Westafrika*
5 *Zentralafrika*
6 *Madagaskar*
7 *Indonesien*
8 *Philippinen*

Dschungel

Ein sehr dichter, kaum zu durchdringender Wald ist ein Dschungel. Oft sind damit die tropischen Regenwälder gemeint.

IMMER NUR REGEN IM REGENWALD?

In den tropischen Regenwäldern ist es immer warm. Das liegt daran, dass die Sonne am Äquator das ganze Jahr über gleich stark scheint. Ihre Strahlen treffen ganz steil, fast im rechten Winkel, auf die Erde. Deshalb sind sie besonders heiß. Durch die große Hitze verdunstet das Wasser der Flüsse, Seen, Bäche und Pflanzen des Regenwalds. Die feuchte Luft steigt wie der Dampf beim kochenden Wasser nach oben. Spätestens am Nachmittag bilden sich dann über dem Regenwald dichte Wolken, aus denen bald Regen fällt. Am nächsten Morgen lässt die glühende Sonne das gefallene Regenwasser wieder verdunsten. So entsteht ein ewiger Kreislauf aus Hitze, Verdunstung und Regen.

Hinzu kommen sogenannte Passatwinde, die mit Feuchtigkeit aufgeladene Meeresluft des Atlantiks ins Landesinnere treiben. Auch sie verdunstet, wird zu Wolken und dann zu Regen. Deshalb regnet es in den Tropen sehr viel mehr als bei uns. 1500 bis 10 000 Milliliter Regen pro Quadratmeter fallen hier im Jahr. In Deutschland sind es nur etwa 600 Milliliter.

Immergrün

Im Regenwald gibt es keinen Sommer und keinen Winter. Es ist das ganze Jahr über heiß und feucht, sodass die Bäume stets grün bleiben.

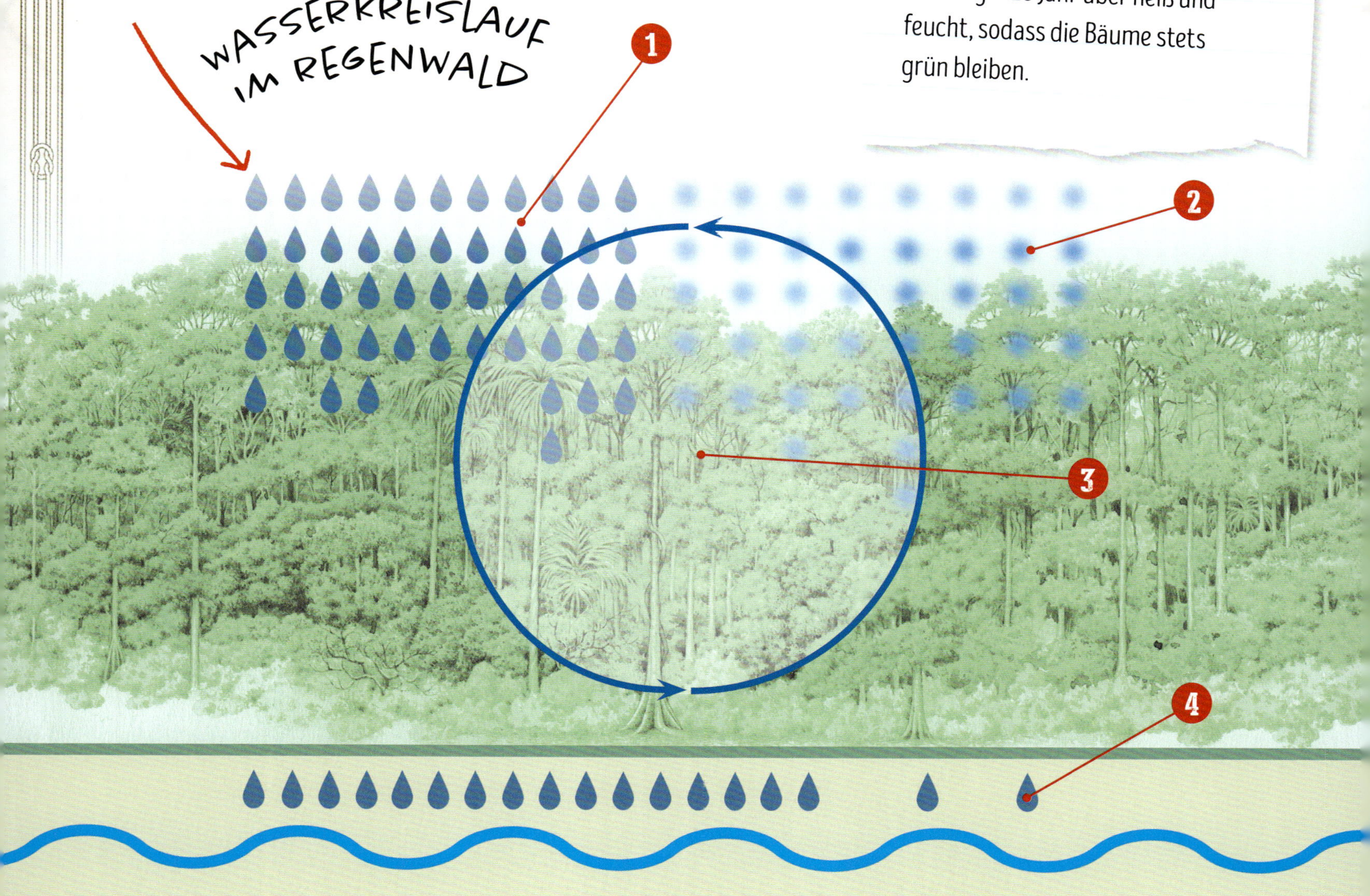

1 *Regen*
2 *Verdunstung*
3 *Regenwasser wird von den Pflanzen aufgenommen*
4 *Abfließendes Wasser*

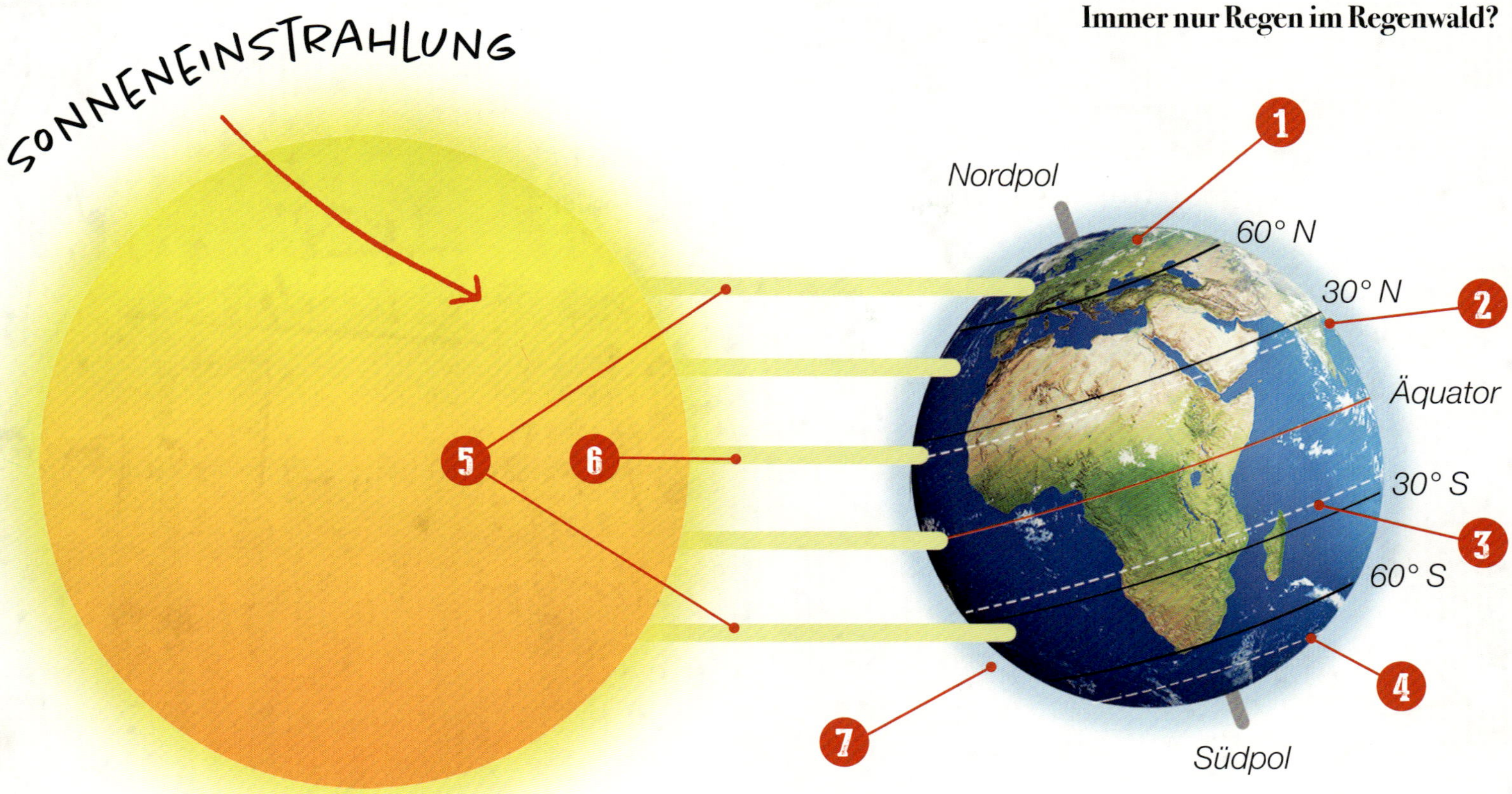

1 *Nördlicher Polarkreis*
2 *Nördlicher Wendekreis*
3 *Südlicher Wendekreis*
4 *Südlicher Polarkreis*
5 *Kleiner Einstrahlungswinkel der Sonnenstrahlen*
6 *Großer Einstrahlungswinkel der Sonnenstrahlen*
7 *Atmosphäre*

Am Äquator treffen die Sonnenstrahlen das ganze Jahr über steil auf die Erde.

Der Amazonasregenwald ist die größte zusammenhängende Waldfläche der Welt. Er bedeckt weit über die Hälfte Südamerikas.

DER AMAZONASREGENWALD
REGION DER SUPERLATIVE

Der Amazonasregenwald ist so riesig, dass man ihn sich kaum vorstellen kann. Er bedeckt ein Gebiet, das ungefähr zwanzig Mal so groß ist wie Deutschland und das sich über neun südamerikanische Länder erstreckt: Bolivien, Peru, Ecuador, Kolumbien, Venezuela, Guyana, Surinam, Französisch-Guyana und, mit dem größten Anteil, Brasilien. Tausende Ströme fließen durch das wasserreichste Flusssystem der Erde. Sie verästeln sich im dichten Grün des Walds und breiten sich wie unzählige Adern aus. Der Hauptfluss dieses Regenwalds, der gigantische Amazonas, ist über 6500 Kilometer lang, das ist weiter als die Entfernung zwischen Berlin und New York.

Sogar in der Trockenzeit beträgt die Breite des Amazonas an manchen Stellen bis zu zwanzig Kilometer.

Flusswettkampf

Welcher Fluss ist der längste der Welt? Über diese Frage sind sich die Wissenschaftler uneinig. Nach einigen Messungen ist es der Nil, nach anderen liegt der Amazonas vorn.

Als Lebensraum für Millionen von verschiedenen Tieren und Pflanzen gilt der Amazonasregenwald als eine der artenreichsten Regionen der Erde. Auch für Menschen ist er ein Zuhause. Viele, man geht von rund 30 Millionen aus, wohnen in Städten wie Manaus, Parintins oder Santarém. Dazu leben in größeren und kleineren Dörfern etwa 450 unterschiedliche Völker ein teilweise noch völlig ursprüngliches Leben in der Natur.

Einige Völker leben noch völlig ursprünglich mit der Natur. Niemand weiß wieviele Völker in den unerforschten Gebieten leben.

ENTLANG DES FLUSSES

Maria mag all die verschiedenen Passagiere, mit denen sie plaudern oder Karten spielen kann. Insgesamt 800 sind es, das Schiff ist ausgebucht. Sie mag die winzigen Dörfer am Ufer. Sie mag das Labyrinth von kleinen Flussarmen, die sich vom Hauptfluss entfernen, sich winden und biegen und irgendwann im dichten Geäst verschwinden. Und manchmal, mit ein wenig Glück, sieht sie das zarte Rosa eines Amazonas-Flussdelfins an der Wasseroberfläche aufblitzen.

ROSA FLUSSDELFINE GIBT ES NUR IM AMAZONAS

Reiseziele

Viele verschiedene Stationen werden auf dem Weg von der Küstenstadt Belém zur Dschungelcity Manaus angesteuert. Zum Beispiel Santarém mit seinen Badestränden oder Parintins, das für seinen Karneval berühmt ist.

Der Flussdelfin ist für die Amazonasindianer ein heiliges Tier, der Bote der Wassergöttin.

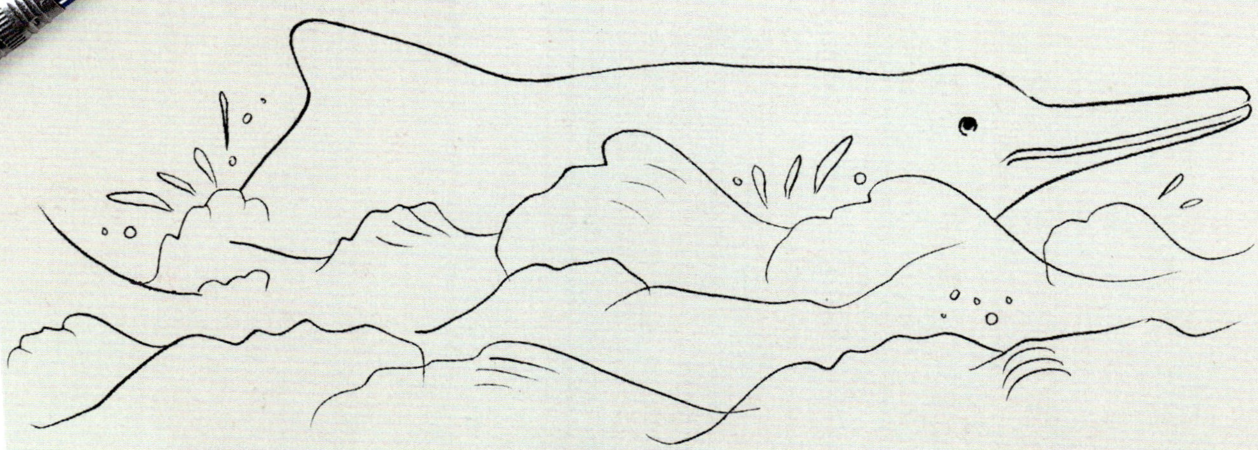

Dorf am Ufer des Amazonas

DAS WASSER STEHT WIEDER SEHR HOCH

VIELE HÜTTEN WERDEN AUF PFÄHLEN GEBAUT

Ein paar Bewohner der Holzhütten am Ufer paddeln an das Schiff heran. Maria erhebt sich aus ihrer Hängematte. Kleidung, Süßigkeiten oder Spielzeug sind im Dschungel heiß begehrt und so haben viele Passagiere Geschenke dabei, die sie den Menschen in ihren Kanus zuwerfen. Maria hat Schokolade und eine kleine Puppe mitgebracht. In einem der Boote sitzen zwei Mädchen, die das Paket mit leuchtenden Augen auffangen.

Gegen den Strom

Der Weg von Belém nach Manaus führt von der Küste ins Landesinnere. Das Schiff muss gegen die Strömung des Flusses fahren. Auf dem Rückweg kann es mit der Strömung fahren und ist dadurch zwei Tage schneller.

EIN TOLLES GESCHENK

Zufrieden isst Maria noch einige Früchte, die sie kurz nach der Abreise bei einem der fahrenden Händler erworben hat, die regelmäßig ihre Boote am Flussdampfer befestigen. Dann macht sie es sich wieder in ihrer Hängematte gemütlich.

LEBEN IN ETAGEN

Nach einer tiefschwarzen Nacht geht die Sonne auf. Das Geräuschkonzert, das auch im Dunkeln nie ganz aufgehört hat, wird immer lauter, während sich der nächtliche Nebel langsam lichtet. Die Tiere begrüßen den Tag.

Vögel zwitschern und jubilieren, Affen kreischen, Insekten summen. Hoch oben, in dichtem Geäst, sitzt ein prächtiger Gelbbrust-Ara. Mit leicht geneigtem Kopf lauscht er den Klängen.

Hier kannst du hören, wie es im Regenwald klingt.
Bitte scannen

DIE STOCKWERKE DES REGENWALDS

Die meisten Häuser haben mehrere Stockwerke, auf denen sich unterschiedliche Zimmer befinden. Man kann die Stockwerke wechseln, nach oben oder nach unten gehen. So ähnlich funktioniert das auch im Regenwald. Er lässt sich in fünf verschiedene Stockwerke einteilen.

Manche Tiere leben ausschließlich in einem Stockwerk und verlassen es ihr ganzes Leben lang nicht. Andere unternehmen ab und zu einen Ausflug in andere Stockwerke oder bewegen sich regelmäßig zwischen zweien oder mehreren hin und her.

1

Am Boden des Regenwalds befindet sich die Krautschicht. Durch die dichten Baumkronen fällt kaum Licht bis hier unten. Moose, Pilze und flache Pflanzen wuchern und viele Insekten und Käfer fühlen sich hier wohl. Zu seinen Bewohnern zählen aber auch größere Tiere wie der Tapir und Wassertiere wie Delfine oder Frösche, die in Tümpeln und Flüssen leben.

2

In der Strauchschicht wachsen Büsche, Sträucher, niedrige Palmen und Blüten. Nagetiere, Schlangen oder Ameisen leben hier. Manchmal kommen Tiere, die in anderen Stockwerken leben, zu Besuch, um zu jagen oder nach Nahrung zu suchen.

5

Bis in diese Höhe wachsen nur echte Giganten: Baumriesen wie Paranuss- oder Mahagonibäume, die das Blätterdach um viele Meter überragen und die man auch Überständer nennt. Sie sind manchmal mehrere 100 Jahre alt, denn um solch schwindelerregende Höhen zu erreichen, braucht es Zeit. Hier oben halten sich vor allem Vögel wie Aras oder Tukane auf.

4

Die Baumkronen liegen hier dicht nebeneinander und bilden ein beinahe undurchdringliches Blätterdach, das viel Licht von oben erhält. In diesem Stockwerk sind die meisten Tiere des Regenwalds zu Hause. Viele verschiedene Affen- und Vogelarten, Insekten, Faultiere, Schlangen und Fledermäuse leben hier.

3

Auch in der unteren Baumschicht herrschen eher düstere Lichtverhältnisse. Hier gedeihen kleinere Baumarten, zum Beispiel Palmen, Kakao- und Mangobäume, sowie junge Bäume, die sich dem oben durchscheinenden Licht entgegenstrecken. Zwischen den Bäumen flattern Schmetterlinge und Kolibris umher und Pfeilgiftfrösche klettern die Stämme empor.

1 *Krautschicht (Waldboden)*
2 *Strauchschicht*
3 *untere Baumschicht*
4 *Baumkronen (obere Baumschicht)*
5 *Baumriesen (Überständer)*

DAS LEBEN IM FLUSS
ROSA FLUSSBEWOHNER

Am Amazonas herrscht gerade Regenzeit. Der ohnehin riesige Fluss ist durch heftige Regenfälle so breit geworden, dass die Ufergebiete vollkommen überflutet sind. Das viele Meter hoch stehende Wasser berührt schon die ersten Baumkronen. Gut für das Flussdelfinweibchen, das jetzt viel Platz hat, um Nahrung zu suchen. Kreuz und quer schwimmt es mit seinem Jungen durch das trübe Wasser. Weder die überall aufragenden Baumstämme noch das überflutete Buschwerk stören die beiden. Sie winden sich geschickt um jedes Hindernis herum.

Dank ihres besonderen Knochenbaus, der sich von Meeresdelfinen unterscheidet, sind Amazonas-Flussdelfine, die auch Botos genannt werden, besonders wendig.

Rosa Delfin

Ganz junge Amazonas-Flussdelfine sind grau. Im Laufe ihres Lebens färbt sich die Haut rosa – je älter der Delfin, desto intensiver die Farbe. Dieser Eindruck entsteht, da die Delfinhaut mit den Jahren dünner wird und Blutgefäße immer stärker durchschimmern.

AMAZONAS-FLUSSDELFIN

AUF DER LAUER

Unbeschwert flitzen die Delfine durch Zweige und Schilf, denn sie haben keine Feinde im Fluss. Auch der Kaiman, der in der Abenddämmerung lauernd an der Wasseroberfläche treibt, kann ihnen nichts anhaben. Die Panzerechse hat es sowieso gerade auf einen Schwarm Piranhas abgesehen, der in der Nähe vorbeischwimmt. Das Wasser spritzt, als der Kaiman blitzschnell untertaucht und mit seinen messerscharfen Zähnen einen der Fische ergreift. Die Mühe zu kauen, macht das Reptil sich nicht. Es schlingt den Piranha im Ganzen herunter.

Piranhas haben spitze Zähne.
Sie fressen Aas, kranke Tiere und jagen Fische. So helfen sie, den Lebensraum Fluss gesund zu erhalten und vermeiden, dass die Fische sich zu stark vermehren.

Gefährliche Jäger

Kaimane jagen sowohl im Fluss als auch am Ufer. Bekommen sie an Land ein Tier zu fassen, zum Beispiel einen Tapir, ziehen sie es ins Wasser und töten es dort. Hauptbeute der Kaimane sind Piranhas.

Die rasiermesserscharfen Zähne der Piranhas.

Die Große Anakonda liebt den Fluss. Immer wieder lässt sich die mächtige Schlange im seichten Gewässer eines kleinen Seitenarms des Amazonas treiben. Züngelnd versucht sie, den Duft eines möglichen Beutetieres aufzunehmen.

GIFTCOCKTAIL

Im Amazonasregenwald leben einige der giftigsten Schlangen der Welt. Gut getarnt lauern sie im Gebüsch, auf Bäumen oder im Wasser regungslos auf ihre Opfer. Nur die Zunge strecken sie immer wieder aus dem Maul. Damit erkunden sie, was um sie herum los ist. Schlangen können nämlich mit der Zunge riechen.
Wenn sie schließlich ein Beutetier wahrnehmen, schießen sie blitzschnell aus ihrem Versteck, beißen zu und verabreichen so ihr tödliches Gift.

Eine Buschmeisterschlange liegt auf der Lauer, um mit ihrem tödlichen Gift ein Säugetier zu erlegen.

Zusammensetzung und Wirkung des Gifts sind von Schlange zu Schlange unterschiedlich. Jede Schlange hat ihren eigenen Giftcocktail: Wer große Tiere fressen will, braucht mehr und stärkeres Gift. Die Beute soll nämlich möglichst schnell betäubt werden, damit sie nicht mehr fliehen kann.
Das Gift der Lanzenotter wirkt zum Beispiel auf die Muskeln und lähmt so das Opfer. Auch für Menschen ist ihr Gift gefährlich und kann zur Amputation von Gliedmaßen oder sogar zum Tod führen.

LANZENOTTER

DÜNNSCHLANGE

Die Lieblingsspeise der Dünnschlange sind Frösche. Sie hat keine Giftzähne, dafür ist ihr Speichel giftig.

Die Boa Constrictor tötet nicht mit Gift, sie ist eine Würgeschlange.

MIT MUSKELKRAFT

Nicht alle Schlangen töten ihre Beute mit Gift. Die größte Schlange des Regenwalds verfolgt eine andere Taktik – die Anakonda setzt auf ihre Kraft. Sie schlingt ihren muskulösen Körper um ein Beutetier und erwürgt es. Ausgewachsene Anakondas können sogar gegen einen Kaiman gewinnen. Auch so eine große Beute zerteilt und kaut sie nicht, sondern schluckt sie in einem Stück. Damit so große Brocken überhaupt in ihr Maul passen, kann sie, wie alle Schlangen, ihren Unterkiefer aushängen und dadurch ihr Maul viel größer machen. Für die nächsten Monate ist sie dann erstmal satt.

Die Boa Constrictor wird bis zu vier Meter lang.

Die Anakonda wird sieben bis neun Meter lang und 200 Kilogramm schwer.

ES GRÜNT UND BLÜHT

MANGROVENWALD

Nirgendwo anders auf der Welt gibt es so viele verschiedene spannende Pflanzen wie im Regenwald. Die Bäume und Pflanzen sind hier das ganze Jahr grün und wachsen so dicht, dass kaum Licht bis zum Boden fällt. Um mehr Sonnenlicht abzubekommen, wachsen Aufsitzerpflanzen hoch oben, auf Bäumen. Da sie keine Wurzeln haben, nehmen sie Wasser aus der Luft auf.

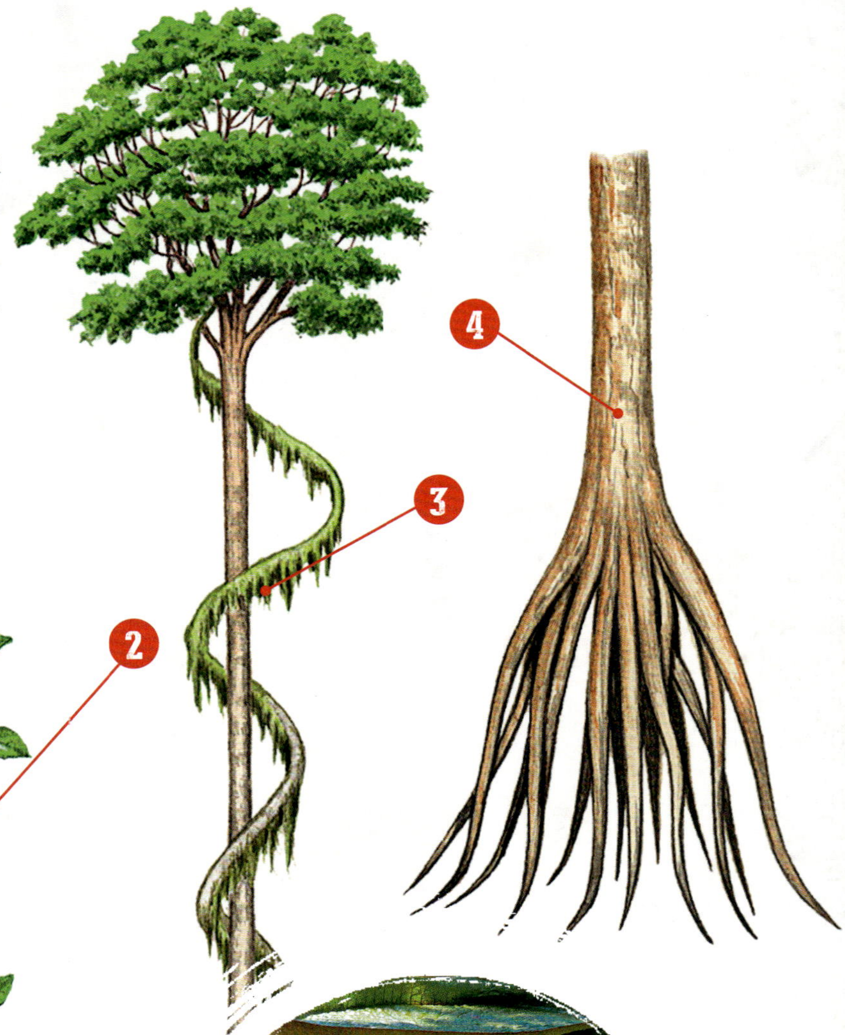

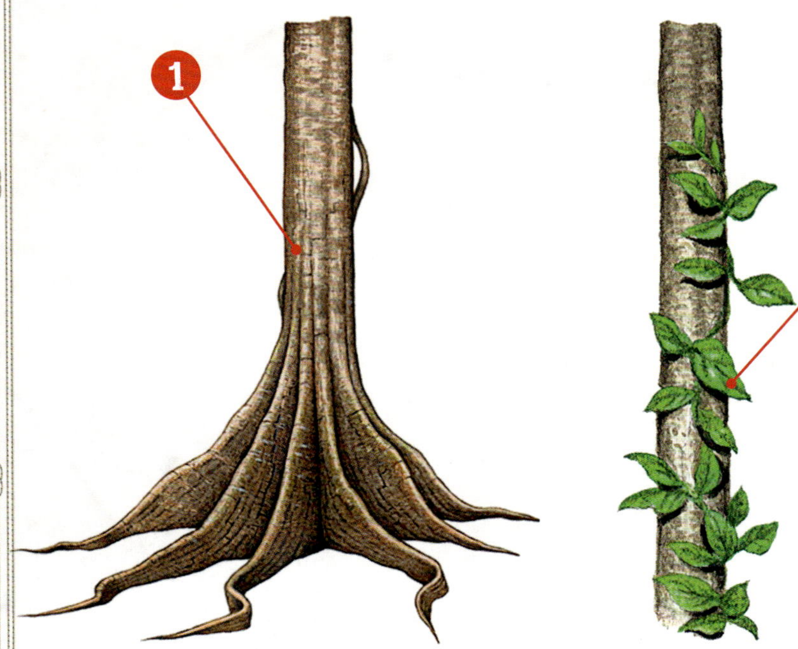

1 *Brettwurzeln, bis zu 10 Meter hoch*
2 *Lianen wachsen von unten nach oben*
3 *Würger wachsen von oben nach unten*
4 *Stelzenwurzeln*

Die Würgefeige beginnt ihr Leben als harmlose Aufsitzerpflanze in einer Baumkrone. Nach und nach wachsen ihre Wurzeln dann in Richtung Boden, um an Nährstoffe zu gelangen. Irgendwann umschlingt das Geflecht der Wurzeln den Baum so eng, dass er abstirbt, während die Würgefeige eigenständig weiterleben kann.

Die Riesenseerose

Die Blätter der Riesenseerose erreichen einen Durchmesser von zwei bis drei Metern. Ihre Blüten werden von Käfern bestäubt und öffnen sich nur nachts.

Wo der Amazonas in den Atlantischen Ozean mündet, wachsen in Salzwasser, Schlick und Schlamm Mangrovenwälder.

Acai-Beeren sind die Früchte der Kohlpalmen.

Im Regenwald gibt es keine Jahreszeiten wie bei uns, das Jahr wird in Trocken- und Regenzeiten eingeteilt. In der Regenzeit ist es etwas kühler, aber immer noch 23 Grad warm. In diesem Klima können alle Pflanzen ständig wachsen, blühen und Früchte tragen. Zu den vielen Leckereien, die im Regenwald wachsen, gehören Bananen, Ananas, Cashewnüsse und Kakao.

Die Orchidee nennt man auch „Die Königin der Blumen“.

LEBEN AM FLUSS

Feliz klettert über die Reling, zurück in sein winziges Boot, das er mit einem dicken Tau am riesigen Amazonasdampfer befestigt hat. Er ist zufrieden, er hat ein gutes Geschäft gemacht und fast alle Bananen verkauft, die ihm seine Eltern mitgegeben haben. Maria winkt ihm nach, als er das Tau löst. Dann paddelt er so schnell wie möglich weg vom kräftigen Sog des Dampfers. Kein Problem für Feliz, denn er ist kräftig. Auch wenn er erst acht Jahre alt ist, fühlt er sich nirgendwo so wohl und sicher wie in seinem Boot. Schließlich ist er von klein auf gewohnt, damit umherzupaddeln. Er fährt damit zum Schulunterricht, der im Dorfgemeinschaftshaus stattfindet, zu seinen Freunden und zum Fischen. Einfach überall hin.

Lebensader

Der Amazonas und seine Seitenarme stehen im Mittelpunkt des Lebens der Einwohner der Uferdörfer. Er ist für sie Nahrungsquelle, Waschgelegenheit und Transportweg zugleich.

Heute ist ein guter Tag. Feliz konnte alle Bananen an die Dampferpassagiere verkaufen.

FELIZ

Mit sicheren Paddelschlägen biegt er in einen Seitenarm des Amazonas, dann, nach einer Weile, wieder in einen anderen Seitenarm, bis er zu seinem Dorf kommt, zu dem Holzhaus, in dem er mit seiner Familie wohnt. Es steht auf Stelzen, halb an Land und halb im Wasser, und so war es für Feliz und seine Geschwister ganz normal, schon als Kleinkinder das Schwimmen zu lernen. „Ihr konntet früher schwimmen als laufen!", erzählt seine Mutter gern lachend, während sie die Fische, die der Vater im Fluss gefangen hat, ausnimmt und zum Trocknen in die Sonne legt. „Und nun schnell, jetzt wird gebadet", sagt sie irgendwann, wenn es langsam dunkel wird. Dann schnappen sich Feliz und seine Geschwister Seife und Zahnbürsten, ziehen Jeans und T-Shirt aus und rennen in den Fluss, um sich bereit fürs Bett zu machen.

ES WIRD FRÜH DUNKEL IM REGENWALD

Teil der Tradition

Für viele Einheimische des Amazonasgebiets ist der Fluss ein magischer Ort. Sie verehren das mächtige Gewässer und feiern dort Feste.

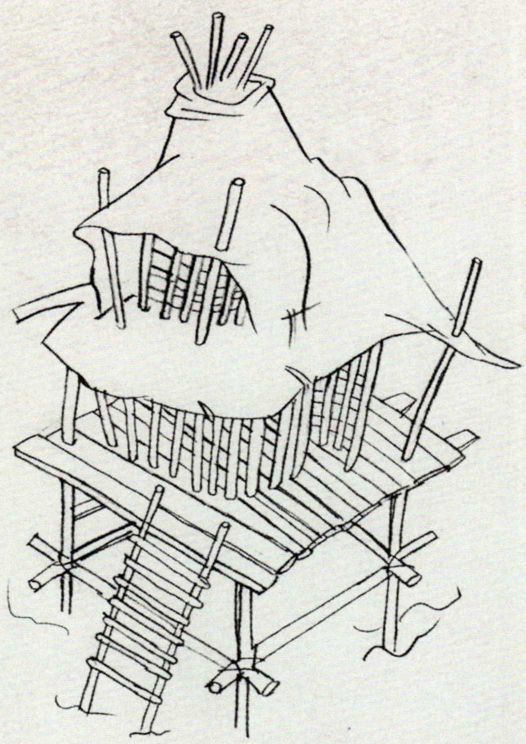

STELZENHAUS

Zur Regenzeit stehen viele Stelzenhäuser komplett im Wasser.

EINHEIMISCHE VÖLKER

DIE YANOMAMI

Eine junge Frau vom Stamm der Yanomami liegt in ihrer Hängematte, nahe der prasselnden Feuerstelle, und stillt ihr Baby. Das riesige, rund gebaute Gemeinschaftshaus, in dem sie mit über 200 Dorfbewohnern lebt, gibt den Blick in den Himmel frei. Noch ist er strahlend blau und nur einige Wolken ziehen vorbei. Doch nicht mehr lange und er wird sich verdunkeln. Der Regen wird einsetzen, so wie jeden Tag. Die Männer werden vom Feld kommen, auf dem sie Obst, Gemüse und Getreide anbauen. Die junge Frau muss gleich damit beginnen, den Maniok, das sind Wurzelknollen, die unseren Kartoffeln ähneln, vorzubereiten. Dazu gibt es Fisch aus dem Amazonas.

Yanomami

Sie leben im Grenzgebiet von Venezuela und Brasilien und sind mit etwa 35 000 Menschen die größte indigene Volksgruppe des Amazonasregenwalds.

Die Kinder der Yanomami tragen den typischen Schmuck.

Junge Yanomami-Frau mit Kind

YANOMAMI RUNDHAUS

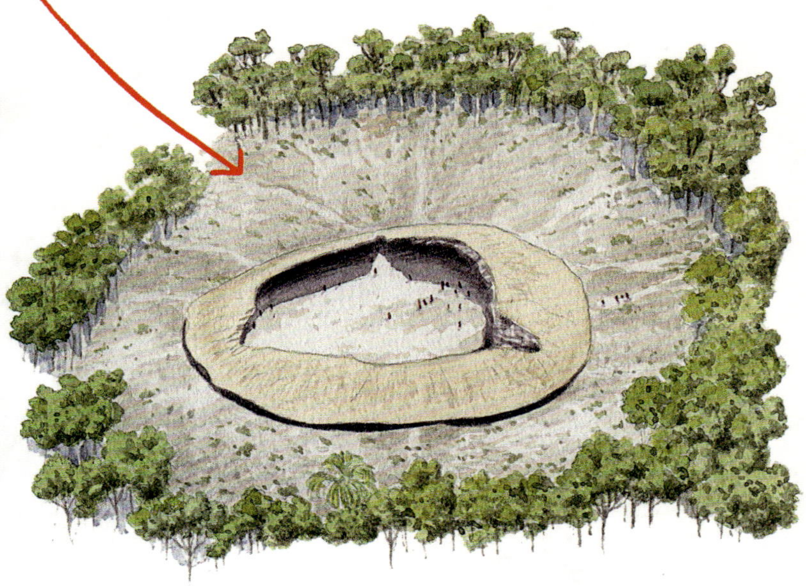

Traditionelles Rundhaus, in dem mehrere Yanomami-Familien gemeinsam leben.

Indigen ...

... bedeutet einheimisch. Die indigenen Völker sind die Nachfahren der ersten Bewohner des Amazonasgebiets. Manche Stämme umfassen nur wenige Menschen, andere mehrere Tausend. Einige wenige sind völlig ohne Kontakt zur Außenwelt, andere leben mit Handy und Internet.

Die junge Yanomami-Mutter ist froh, dass alles wieder seinen gewohnten Gang geht. So wie sie es immer wieder tun, hat ihre Gemeinschaft gerade das Dorf verlegt. Nachdem ihr altes Feld die angepflanzten Lebensmittel nur noch spärlich gedeihen ließ, sind die Yanomami an eine andere Stelle mit fruchtbarerem Boden gezogen. Alle haben mit angepackt, als sie aus Palmenholz und Blättern ihr neues Gemeinschaftshaus rund um einen großen Platz errichtet haben. Hier ist nun für die nächsten Jahre ihr Zuhause, bis sie irgendwann wieder weiterziehen.

Zu den indigenen Völkern gehören auch die Huaorani.

GROSSER ENTDECKER
DIE BERÜHMTE REISE ALEXANDER VON HUMBOLDTS

Man schreibt das Jahr 1800. Alexander von Humboldt sitzt in einem Holzboot. Schweiß glänzt auf seiner Stirn, die dunklen Hosen und das langärmlige Hemd mit dem hochgeschlossenen steifen Kragen lassen kaum Luft an seine Haut. Er, der in einem preußischen Schloss aufgewachsen ist, der an den Universitäten in Frankfurt und Göttingen studiert hat, der nicht schwimmen kann, unternimmt eine abenteuerliche Forschungsreise. Sie führt ihn über das verästelte Flussgebiet Amazoniens, durch den noch beinahe unentdeckten tropischen Regenwald. Noch ahnt Alexander nicht, dass diese Reise einmal weltberühmt werden und vielen als wahre Entdeckung Südamerikas gelten wird.

Alexander von Humboldt wurde 1769 in Berlin geboren. Dort starb er auch kurz vor seinem 90. Geburtstag.

DIE SÜDAMERIKAREISE DAUERTE 5 JAHRE

„Größter Gelehrter des Jahrhunderts"

So bezeichnete man den Entdecker und Forscher Alexander von Humboldt. Er unternahm lange Expeditionen, bereiste viele Länder und leistete seinerzeit einen großen Beitrag für die Naturwissenschaften.

UNERSCHROCKENER FORSCHER

Gemeinsam mit seinem Gefährten und geführt von Einheimischen untersucht er unerschrocken die Wildnis. Er sammelt Pflanzen, entdeckt Höhlen, zeichnet jede Temperatur, jede Niederschlagsmenge auf und vermisst das Land. Vor nichts schreckt er zurück. Wenn es denn sein muss und der Wissenschaft dient, dann trinkt er sogar das Wasser der Flüsse, um danach ganz genau den Geschmack zu notieren. Er probiert sogar das Gift von Schlangen und Pflanzen. An seiner Seite ist dabei stets sein Hund, eine Dogge.

Immer dabei – Humboldts Dogge

PLANSCHEN IM AMAZONAS

Das schmale Holzboot schaukelt sanft auf dem schlammigen Wasser. Immer wieder springt der Hund ins kühle Nass, um ein wenig zu planschen. Aufmerksam sucht Alexander das Ufer und die Wasseroberfläche ab. Sobald ein Kaiman in der Nähe ist, zieht er den Hund blitzschnell ins Boot. Weit traut dieser sich sowieso nicht mehr weg, seitdem ihn ein Piranha in die Pfote gebissen hat. In der größten Mittagshitze machen sie das Boot fest. Doch Alexander ist nicht nach einem Schläfchen.

Jahrzehntelange Arbeit

Alexander von Humboldt brachte tausende Aufzeichnungen und Proben von seiner Expedition mit nach Deutschland und brauchte viele Jahre, um alle auszuwerten. Die Ergebnisse hielt er in mehr als 30 Büchern fest.

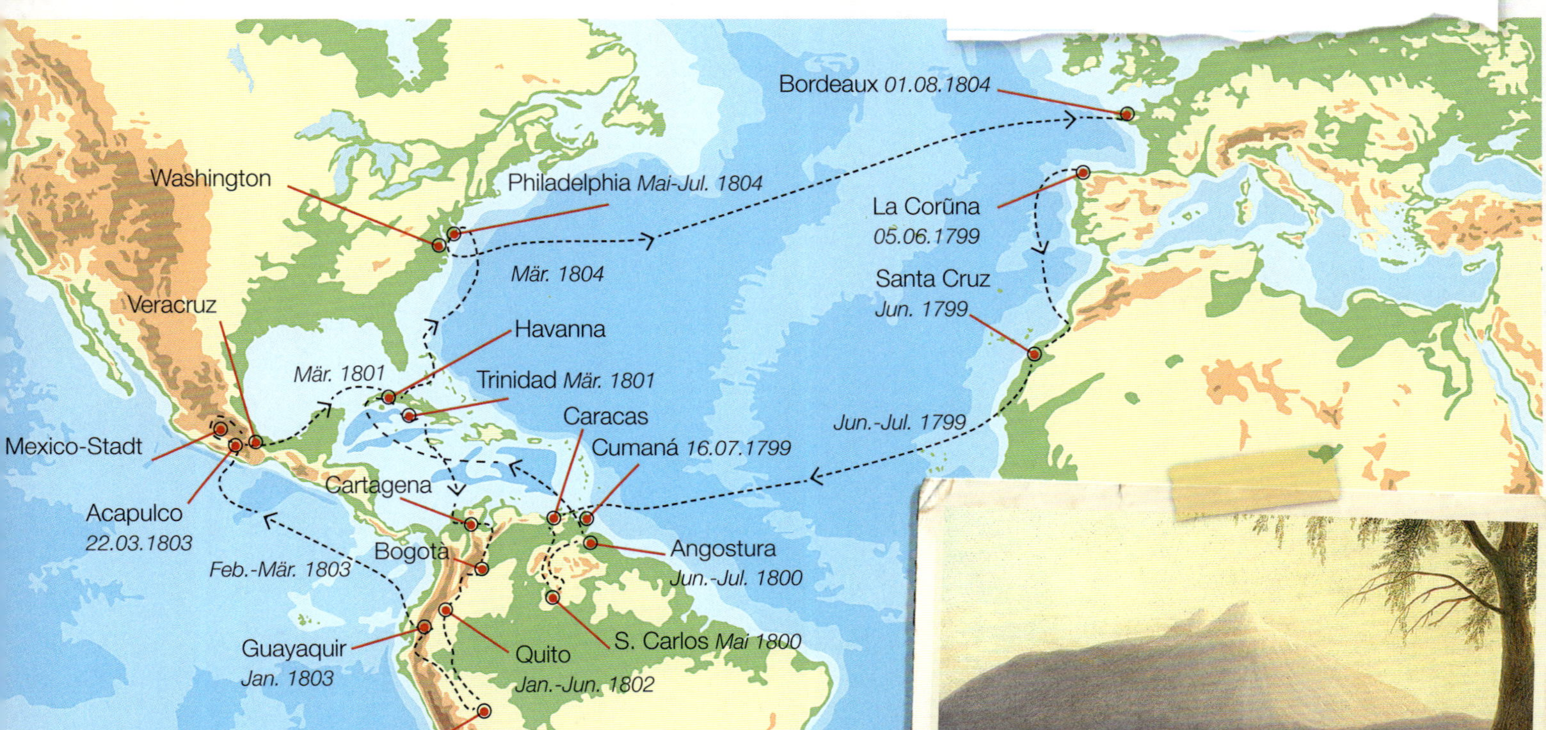

GEFÄHRLICHE BEGEGNUNG

Er macht sich auf den Weg, geht allein den Strand entlang, um Kaimane zu beobachten. Gerade als er glaubt, dass der Augenblick kaum friedlicher sein könnte, bleibt er entsetzt stehen. Nur wenige Meter entfernt liegt ein prächtiger Jaguar, der König des Dschungels. Alexanders Herz beginnt vor Angst zu rasen, kalter Schweiß bricht ihm aus. Doch er zwingt sich, seinen Atem zu beruhigen, sich die Ratschläge seiner einheimischen Begleiter in Erinnerung zu rufen. Auch wenn er am liebsten rennen würde: Er entfernt sich sehr, sehr langsam, vermeidet jede hektische Bewegung. Irgendwann wagt er es, sich umzusehen: Der Jaguar ist ihm nicht gefolgt.

Auf der Ame isenstraße herrscht große Betriebsamkeit. Kräftige Arbeiterinnen haben Stücke aus Blättern gesägt und transportieren sie nun zu ihrem Bau. Die Blattschneiderameisen füttern damit ihr Futter: Pilze, die sie in unterirdischen Kammern züchten. Die Pilze ernähren sich von den Blättern und die Ameisen von den Pilzen.

ACHTUNG, KRABBELIG!
INSEKTEN UND SPINNEN DES REGENWALDS

Fühlt sich die Wanderspinne in Gefahr, bedroht sie ihren Angreifer, indem sie sich aufrichtet und die vorderen Beine in die Luft streckt. Sollte sie zubeißen, kann das auch für Menschen schwerwiegende Folgen wie starke Schmerzen oder Lähmungen haben.

Wenn die Goliath-Vogelspinne ihre Beine ausstreckt, ist sie ungefähr so groß wie eine Tortenplatte und damit die größte Spinne der Welt.
Einige Insekten sind wahre Meister, wenn es darum geht, ihre Fressfeinde auszutricksen. Die Raupe des Falters *Hemeroplanes triptolemus* zum Beispiel kann den vorderen Teil ihres Körpers so aufblähen, dass er wie der Kopf einer gefährlichen Schlange wirkt. Das Wandelnde Blatt dagegen ist perfekt getarnt, die Gespenstschrecke ist im Blattwerk kaum zu erkennen.

PERFEKT GETARNT!

Keine Schlange, sondern der Trick einer kleinen Raupe, die so ihre Feinde abwehrt.

WANDELNDES BLATT

Klappt der Eulenschmetterling seine Flügel zusammen, werden seine „Eulenaugen" sichtbar. Gefräßige Vögel nehmen vor der vermeintlichen Eule schnell Reißaus.
Der Herkuleskäfer ist neben dem Riesenbockkäfer der größte Käfer der Welt. Mit ausgebreiteten Flügeln ist er ungefähr so groß wie ein Suppenteller. Sein Horn dient dem Männchen als Waffe im Kampf um ein Weibchen.

Eulenschmetterling

Herkuleskäfer

HIER LEBEN ZWEI DER GRÖSSTEN INSEKTENARTEN ÜBERHAUPT

Riesenbockkäfer werden bis zu 17 Zentimeter lang.

Große Kolonie

Eine Blattschneiderkolonie kann zwei bis drei Millionen Tiere umfassen. Sie sammeln pro Tag so viele Blätter wie eine Kuh frisst. Wenn sie in Kakaoplantagen einfallen, richten sie große Schäden an.

BLATTSCHNEIDERAMEISE

DAS LEBEN AM BODEN
FLINKE UNTERHOLZBEWOHNER

Plöng! Obwohl der Waldboden von weichem Moos überwuchert ist, erklingt ein lautes, dumpfes Geräusch, als die Kapsel eines Paranussbaums aufschlägt. Oh, wie das Aguti diesen Klang liebt! Flink wieselt es durch Farnblätter und niedrige Büsche, bis es bei seiner Lieblingsfrucht angekommen ist. Das Aguti beginnt knabbernd die harte Schale zu öffnen, um an die herrlichen Nüsse zu gelangen. Beinahe ist es geschafft, als es plötzlich innehält. Ein verdächtiges Knacken hat sein feines Gehör erreicht. Kann das etwa ..? Ja! Gefahr droht. Gut, dass das Aguti nicht nur enorm scharfe Zähne, sondern auch lange Beine hat. Schnell rennt es fort. Um sein Leben.

Ebenso wie die Wasserschweine sind Agutis mit Meerschweinchen verwandt.

Gärtner des Walds

Agutis vergraben die Nüsse, die sie nicht sofort verspeisen, kreuz und quer im Regenwald. Allerdings können sie sich nicht alle Verstecke merken. Gut für die Nussbäume, deren Früchte so zu neuen Bäumen heranwachsen können.

Opossumweibchen haben einen Beutel mit 13 Zitzen, so viele Junge können sie auf einmal groß ziehen.

DER KÖNIG DES DSCHUNGELS

Ein Jaguar nähert sich mit geschmeidigen Schritten. Er geht ruhig, gemächlich. Die Kugel voller Paranüsse, die das Aguti zurücklassen musste, interessiert ihn nicht. Und auch das Aguti selbst hat nicht seine Aufmerksamkeit geweckt. Der König des Dschungels ist satt. Noch im Morgengrauen hat er am Flussufer ein großes Wasserschwein erjagt. Nach einer langen Nacht auf der Lauer ist er nun träge und sucht einen Platz, um dösend den Tag zu verbringen.

Einmaliges Fell

Sein Muster macht den Jaguar im Wechselspiel von Schatten, Licht, Zweigen und Blättern für seine Opfer nur schwer sichtbar. Außerdem ist es einzigartig: Kein Jaguar gleicht dem anderen.

DREI JAGUAR-VARIANTEN

1 *Albinoform*
2 *Normalform*
3 *Schwarze Form*

Der Kiefer dieser größten Raubkatze des Amazonasregenwalds ist viel stärker als der eines Löwen.

KNAPP ENTKOMMEN

Kurz vor Sonnenaufgang am Fluss: Ein Tapir ist mit einem gehörigen Schrecken davongekommen. In letzter Sekunde hat er sich mit einem Sprung ins Wasser vor dem heranpirschenden Jaguar gerettet. Ganz untergetaucht, nur seinen Rüssel als Luftrohr an die Oberfläche haltend, konnte er sich vor der Raubkatze in Sicherheit bringen. Doch jetzt lauert bei seinem Streifzug durch den Wald schon die nächste Gefahr. An einem nahegelegenen Baumstamm sitzt ein Pfeilgiftfrosch, klein wie ein Daumennagel. Mit seiner leuchtenden Farbe signalisiert er: „Achtung, ich bin hochgiftig und ungenießbar!“ Der Tapir macht lieber einen großen Bogen um das Tier.

Zum Glück ist der Tapir ein guter Schwimmer.

Urtiere

Tapire gibt es bereits seit vielen Millionen Jahren. Sie haben mehrere Aussterbephasen überlebt, ihr Aussehen dabei aber kaum verändert.

Der Greifrüssel des mit Pferden und Nashörnern verwandten Tapirs ist sehr beweglich.

AB NACH OBEN

Dabei ist der Pfeilgiftfrosch gerade selbst dabei, sich vor Feinden in Acht zu nehmen. Er, der eigentlich am Boden des Regenwalds lebt, klettert einen Baum hinauf. Auf seinem Rücken transportiert er seinen Nachwuchs: winzige Kaulquappen, die aussehen wie Minifröschchen mit langen Schwänzchen. Um zu wachsen und sich zu ebenso farbenprächtigen Fröschen zu entwickeln, wie die Eltern es sind, braucht der Nachwuchs Wasser. Doch die Tümpel am Boden sind nicht sicher genug. Also bringt der Pfeilgiftfrosch die Kaulquappen nach oben in höher gelegene Regionen eines Baums. Er findet einen vom Regen gefüllten Blatttrichter einer Bromelie. Hier werden die Kleinen es gut haben!

Kleiner Teich

Da Bromelien viel Licht brauchen, wachsen sie in Baumkronen. Sie können also lebenswichtige Feuchtigkeit nicht wie andere Pflanzen aus dem Boden aufnehmen und sammeln deshalb Regen in trichterartigen Blättern.

Neben Pfeilgiftfröschen nutzen auch andere Tiere die Bromelie. Mückenlarven wachsen hier und verschiedenste Kleinstlebewesen finden einen Lebensraum. So können bis zu 250 verschiedene Tierarten in einer Bromelie leben.

Die Blüte der Roten Passionsblume leuchtet durch das üppige Grün. Im Amazonasregenwald wachsen etwa 40 000 Pflanzenarten.

DAS LEBEN IN DEN BÄUMEN

SCHILLERND UND BUNT

Wie ein Hubschrauber schwebt der Kolibri vor einer Blüte und saugt Nektar. Sein Schnabel ist perfekt an die Form der Blüte angepasst. Ein zweites Mal wird er diese Blüte nicht anfliegen – er kann sich jeden Kelch merken, den er besucht hat.

In der Etage über ihm ist eine kleine Gruppe Tukane auf Nahrungssuche unterwegs. Beeren sammeln sie nicht nur zum Fressen, die Tiere werfen sie sich gegenseitig zu. Und wenn keiner Lust zu spielen hat, kann man das auch alleine. Beere in die Luft werfen, Kopf nach hinten legen, auffangen und fressen.

Klimaanlage

Der imposante Schnabel des Tukan ist fast hohl und leichter als er aussieht. In diesen Hohlraum kann der Tukan Blut pumpen und es dort abkühlen. Das nutzt er als Klimaanlage, wenn ihm zu heiß wird.

Am Schnabel können sich Artgenossen erkennen.

GLITSCHIG UND SCHUPPIG

Drei von über 170 Pfeilgiftfroscharten sind so giftig, dass eine einfache Berührung mit ihrer Haut genügt, um einen erwachsenen Menschen zu töten. Die anderen verursachen geringere Beschwerden wie Kreislauf- oder Magen-Darm-Probleme. Die winzigen Fröschchen werden nur 1,5 bis 2,4 Zentimeter groß. Da sie hervorragende Kletterer sind, nennt man sie auch Baumsteigerfrösche.

Besonders giftig: der schreckliche Pfeilgiftfrosch

PFEILGIFTFRÖSCHE

WINZIGER GIFTZWERG: DAS ERDBEERFRÖSCHCHEN

Der Goldbaumsteiger

Die Jäger einiger Völker tränken ihre Pfeile im Gift der Frösche.

Der Grüne Leguan lebt auf Bäumen, hier findet er seine Nahrung, die vorwiegend aus Blättern besteht. Wenn er vor Feinden fliehen muss, lässt er sich ins Wasser fallen und schwimmt davon. Dabei kann er auch untertauchen und bis zu 30 Minuten die Luft anhalten. Außerdem kann er den Verfolger ablenken, indem er seinen Schwanz abwirft. Dieser wächst dann wieder nach.

Hörst du die Vögel jubilieren? Die Insekten summen? Riechst du den Duft der Pflanzen und Blüten? Nur ein sehr kleiner Teil unserer Erde ist von Regenwäldern bedeckt und doch lebt über die Hälfte aller bekannten Tier- und Pflanzenarten hier.

BRUTZEIT BEI DEN ARAS

Das Ara-Männchen hat Hunger. Und damit ist es nicht allein. Die Brutzeit hat begonnen und sein Weibchen sitzt ganz in der Nähe in einer Baumhöhle in seinem Nest. Zwei Eier hat es dieses Mal gelegt. Damit es ganz in Ruhe brüten kann, kümmert sich das Männchen um die Nahrungssuche.

Es spreizt seine Flügel und setzt zum Flug an. Mühelos schwebt es durch die Baumkronen und macht sich auf die Suche nach Beeren, Samen und Nüssen, die es mit seinem starken Schnabel mühelos knacken wird.

Aras sind äußerst klug. Ihre Intelligenz wird oft mit der eines etwa vierjährigen Kindes verglichen.

Papageienliebe

Ara-Pärchen bleiben ein ganzes Leben lang zusammen. Und das kann durchaus vierzig oder mehr Jahre dauern.

ROOOAAAR: DIE BRÜLLAFFEN MARKIEREN IHR REVIER

Plötzlich übertönt ein tiefes, raues Röhren die Geräusche des Dschungels. Bedrohlich klingt es. Wie das Brüllen eines Raubtiers. Oder das Geschrei eines unheimlichen, riesigen Monsters. In einem Baumwipfel hocken einige Affen. Sie brüllen aus Leibeskräften, die merkwürdigen Schreie stammen aus ihrer Kehle. Der Brüllaffe markiert lärmend das Revier seiner Gruppe, teilt anderen Brüllaffen mit, dass sie in der Nähe dieser Bäume nichts zu suchen haben.

Der starke Schwanz hilft dem Brüllaffen beim Klettern.

AFFEN-CHOR

Affenstarker Sound

Der Kehlkopf der Brüllaffen ist besonders groß, sodass seine lautstarken Rufe kilometerweit durch den Regenwald hallen können.

Lautstarkes Gebrüll

ALLES STEHT KOPF ODER WIE EIN FAULTIER DIE WELT SIEHT

Die Unterseite des Aras leuchtet gelb, während er immer höher steigt. Ein Faultier, das es sich in der Nähe – kopfüber an einem Ast hängend – in seiner Lieblingsposition bequem gemacht hat, kann das bestimmt besonders gut sehen. Die krallenartigen Finger des Faultiers halten den Ast sicher umschlossen. So kann es ganz entspannt dösen, bis es sich irgendwann, sehr gemächlich und langsam, wie in Zeitlupe, daran macht, ein saftiges Blatt zu verspeisen. Zum Essen verändert es kaum seine gemütliche Stellung, schließlich lässt es sich auch mit dem Kopf nach unten wunderbar kauen.

BODENSCHEU

Auf Sparflamme

Durch langsame Bewegungen, enorm viel Schlaf sowie eine niedrige Körpertemperatur spart das Faultier so viel Energie, dass es nur wenig Nahrung braucht.

Viele Bewohner der Baumkronen betreten nie den Boden. Faultiere tun das zum Beispiel nur, um den Baum zu wechseln. Und wenn sie alle ein bis zwei Wochen mal „groß“ müssen.

In der Nachbarchaft lebt der Cuandu. Das Nagetier wird 65 Zentimeter groß. Sein Greifschwanz ist fast genauso lang. Diesen braucht er zum Klettern, um in den Baumkronen Blätter, Blüten und Knospen zu fressen. Mit seinen Stacheln verteidigt er sich gegen Feinde.

Tamanduas werden auch Kleiner Ameisenbär genannt. Sie ernähren sich von Termiten und Ameisen, die sie mit ihrer klebrigen Zunge einsammeln.

Aras sind gesellige, kommunikative Papageien und leben in Schwärmen.

IM BAUMKRONENMEER

Mit kräftigen Flügelschlägen fliegt der Ara weiter, vorbei an einem blau glänzenden Morphofalter, und durchbricht bald das saftige Grün des Blätterdachs. Noch weiter in die Höhe geht es, bis er an seinem Ziel angelangt ist. Zufrieden lässt er sich auf dem Ast eines Paranussbaums nieder, der weit über die anderen Bäume hinausragt. Doch der Ara hat keinen Blick für das unter ihm liegende, scheinbar unendliche Baumkronenmeer, auch nicht für den Morphofalter, der sich jetzt auf dem Blätterdach sonnt und dessen strahlendes Blau man selbst aus dieser großen Höhe erkennen kann. Der Ara interessiert sich viel mehr für die großen Kugeln, in denen sich leckere Paranüsse verbergen. Doch als er eine mit seinem kräftigen Schnabel anstößt, fällt sie hinunter, viele, viele Meter in die Tiefe.

Gefährdeter Falter

Nicht nur von seinen natürlichen Fressfeinden ist der Blaue Morphofalter bedroht, auch der Mensch hat es auf ihn abgesehen. Seine außergewöhnlich strahlende Farbe macht ihn leider zu einem begehrten Sammlerobjekt.

BUNTES TREIBEN

Kapuzineraffen turnen durch die Zweige. Ohne zu zögern setzt ein Affe zu einem gewaltigen Sprung an – von Baumkrone zu Baumkrone. Er und viele andere Kletterkünstler gehören wohl zu den bekanntesten Regenwaldbewohnern.

DSCHUNGELAKROBATEN

Neben den Kapuzineräffchen finden wir im Regenwald auch viele andere Affen, darunter die Goldenen Löwenäffchen. Sie gehören zu den stark bedrohten Arten. Durch Zucht und Auswilderung leben nun aber wieder mehr Tiere in freier Natur als noch vor einigen Jahrzehnten.

Der Schwanz der Zwergseidenäffchen ist länger als ihr Körper.

Zwergseidenäffchen sind die kleinsten Affen der Welt. Selbst die größten Exemplare messen gerade einmal 16 Zentimeter – wie der Herkuleskäfer oder der Riesenbockkäfer! Ihr Schwanz wird bis zu 23 Zentimeter lang.

Nur männliche Weißkopfsakis haben zu ihrem schwarzen Fell das typische weiße Gesicht.

AFFEN DES REGENWALDS

Der Kaiserschnurrbarttamarin heißt so, weil seine Gesichtsbehaarung dem Bart des letzten deutschen Kaisers, Wilhelm II, ähnelt. Zuerst nur im Scherz verwendet, ist der Name mittlerweile offiziell.

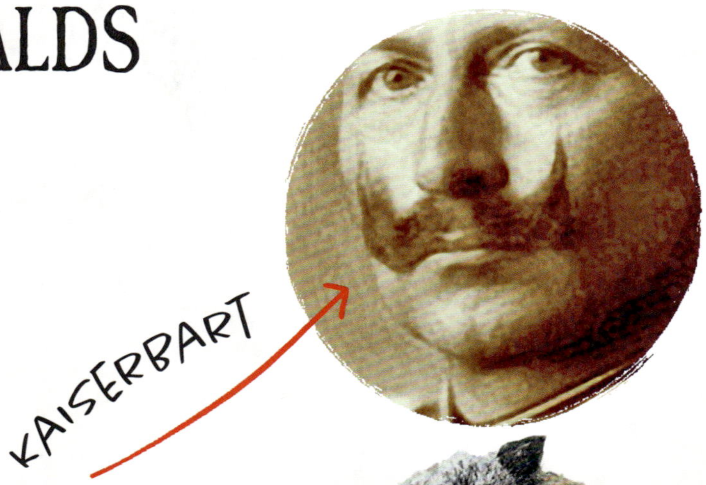

Die Kaiserschnurrbarttamarine leben in den Baumkronen ab 10 Metern und höher.

Der Schwanz der Totenkopfaffen ist viel länger als ihr Körper. Damit schwingt es sich leicht von Baum zu Baum.

Bei Tageslicht wirken sie unscheinbar, doch in manchen Nächten bringen unzählige Leuchtkäfer Licht in die tiefe Dunkelheit des Regenwalds. Glühwürmchen sehen im Flug aus, als würden sie in der Luft stehen. Und selbst manche Pilze am Boden leuchten nachts.

NACHTS IM REGENWALD

Es ist Nacht geworden. Eine tiefschwarze Dunkelheit umhüllt alle Bäume und Pflanzen und viele Tiere sind zur Ruhe gekommen. Dafür werden andere erst richtig wach. Eine Vampirfledermaus flitzt lautlos zwischen den Bäumen umher. Sie ist auf der Suche nach Blut. Ganz deutlich spürt sie die Wärme eines in der Nähe einschlummernden Vogels. Erst als er wirklich tief schläft, lässt sie sich auf seinem Rücken nieder. Mit ihren messerscharfen Zähnen schlitzt sie die Haut auf und leckt das köstliche Blut auf. So blitzschnell, dass der Vogel nicht einmal erwacht.

Großzügig

Vampirfledermäuse mögen unheimlich wirken, doch sie sorgen füreinander. Artgenossen, die bei der Jagd leer ausgegangen sind, werden mit hochgewürgtem Blut gefüttert.

Auf der Suche nach einem Blutopfer

KLEINE DOLCHE

Der klopfende Ruf eines Brillenkauzes klingt durch die Dunkelheit, während sich hinter einer Wolke ganz langsam der Mond hervorschiebt. Zumindest in die Baumkronen bringt er ein wenig Licht und regt eine Gruppe von Nachtaffen zu einem Streifzug an. Springend und kletternd bewegen sie sich durch die Zweige. Doch was ist das? Dort drüben, an der Reviergrenze, befindet sich eine andere Nachtaffenfamilie. Die Affen beginnen sich drohend aufzurichten. „Ihr habt hier nichts zu suchen!“ scheinen sie aus Leibeskräften zu kreischen. Die anderen Affen kreischen mindestens genauso laut und eine wilde Verfolgungsjagd beginnt. Nach einigen Minuten zieht sich die fremde Familie zurück und es kehrt wieder Frieden ein in die tropische Nacht.

Die Nachtaffen sind die einzige nachtaktive Affenart im Amazonasregenwald.

BRILLENKAUZ

Nachteule

Im Regenwald fühlen sich viele verschiedene Eulenarten wohl. Zum Beispiel der Brillenkauz, dessen nächtliche Rufe eher an das Klopfen eines Spechts als an das typische „Uuh“ der Eulen erinnern.

Schlangen sind meist dämmerungs- oder nachtaktiv.

Manaus wird auch das Tor zum Regenwald genannt. Über zwei Millionen Menschen leben in der siebtgrößten Stadt Brasiliens. Um die Stadt herum liegt dichter Dschungel. Das ist sogar aus dem Weltall gut zu erkennen.

DIE DSCHUNGELMETROPOLE

Bald ist es geschafft. Schon seit einer Weile fährt das Schiff an dicht gedrängten Häusern vorbei. Anfangs waren es nur einfache Hütten aus Holz, aber nun kann Maria schon das Stadtzentrum von Manaus mit seinen Hochhäusern und alten Kirchen erkennen. Schließlich legt das Schiff neben vielen weiteren Flussdampfern am geschäftigen Hafen an. Als sie von Bord geht, ist Maria müde von der anstrengenden Reise. Aber sie möchte ihrer Großmutter eine Kleinigkeit mitbringen.

FAST GESCHAFFT! MANAUS IST SCHON IN SICHT

Der fast schwarz erscheinende Rio Negro und der milchig-braune Amazonas haben verschiedene Temperaturen und Salzgehalte, deshalb dauert es viele Kilometer bis sie sich vermischen.

Farbenspiel

Bei Manaus fließen zwei riesige Flüsse zusammen: der Amazonas und der Rio Negro, auf Deutsch: der schwarze Fluss. Da beide Ströme verschiedene Farben haben, kann man die Grenze der beiden Gewässer genau erkennen.

Reiche Stadt

Prächtige Bauten erinnern an die goldenen Zeiten von Manaus, das durch den Handel mit Kautschuk Ende des 19. Jahrhunderts zu großem Reichtum gelangte. Aus dieser Zeit stammt auch das Opernhaus.

Die Markthalle von Manaus

Maria läuft hinüber zur Markthalle. Ein Gemisch aus exotischen Düften und strengen Gerüchen schlägt ihr entgegen, als sie sich durch die Menschenmasse drängt. Die Verkäufer preisen ihre Waren an, Einheimische feilschen um den besten Preis, Touristen suchen nach Andenken an eine abenteuerliche Reise. Maria kauft frischen Fisch, den sie mit ihrer Großmutter zubereiten will. Dann macht sie sich auf den Weg durch die Stadt – vorbei an unzähligen Autos, Geschäften, Straßenverkäufern und streunenden Hunden. Vor dem prächtigen Opernhaus bleibt sie stehen. Die Baumaterialen für das Gebäude kamen aus der ganzen Welt. Der Marmor wurde sogar aus Italien in den Urwald gebracht. Nun hat sie endlich das Haus ihrer Oma erreicht. Sie freut sich, als sie auf die Klingel drückt.

REGENWALD IN GEFAHR

Im Wipfel eines Baumriesen sitzt ein verängstigter Tukan. Noch einmal blickt er zurück, bevor er weiter fliehen muss. Von Baum zu Baum hüpfend und mit seinen vergleichsweise kleinen Flügeln nur kurze Strecken fliegend, versucht er, der hinter ihm wütenden Feuersbrunst zu entkommen. Dort verbrennt alles, was er kennt.

Die Bäume, auf denen er mit seinen Artgenossen gespielt und nach Nahrung gesucht hat, die Baumhöhlen, in denen er schlief. Seine ganze Welt verschwindet für immer in den lodernden Flammen. Viele andere Tiere hasten panisch an ihm vorbei. Da beeilt sich auch der Tukan, weiterzufliegen, um sein Leben zu retten.

WARUM BRENNT DER REGENWALD?

WAS HAT MEIN HAMBURGER MIT DEM REGENWALD ZU TUN?

Hmm, lecker! Papa hat Annas Lieblingsspeise zum Mittagessen gemacht: Hamburger! Mit großem Appetit beißt Anna hinein, während im Radio gerade die Nachrichten beginnen. „Die Waldbrände im Amazonasgebiet haben sich weiter ausgebreitet", sagt der Sprecher. „Hier wüten die schlimmsten Feuer seit Jahren." „Der Regenwald brennt?", fragt Anna erschrocken. „Aber was ist denn dann mit all den Tieren?" „Die verlieren leider viel vom ihrem Lebensraum", erklärt Papa. „Viele Arten sind sogar schon vom Aussterben bedroht." „Wie furchtbar", seufzt Anna traurig.

Brandrodung

Um freie Flächen, zum Beispiel für Äcker oder Viehweiden, zu schaffen, brennen Bauern, aber auch große Firmen oft Teile des Dschungels nieder. Das geht schnell und ist billig. In vielen Ländern ist Brandrodung mittlerweile verboten, doch es wird weiterhin viel Regenwald dadurch zerstört.

Die Feuersbrunst zerstört auch den Lebensraum vieler Tiere.

Den ganzen Nachmittag lang will Anna der Gedanke an den Regenwald nicht aus dem Kopf gehen. Gemeinsam mit Mama sucht sie im Internet und in der Zeitung nach Informationen. Schuld an den Bränden sind zum Beispiel die Essgewohnheiten der Menschen, lernt Anna. Überall mögen Menschen Fleisch, Käse oder Joghurt und trinken viel Milch. Um den weltweiten Bedarf an diesen Lebensmitteln zu decken, müssen unzählige Rinder gezüchtet werden. Zum Beispiel in Brasilien. Und die brauchen Platz. Um diesen Platz zu schaffen, wird Regenwald gerodet und verbrannt. Später wird dann das Fleisch der Rinder, die dort geweidet haben, nach Europa oder in die USA verkauft.

Warum wird der Regenwald gerodet?

- um Weideland für Rinder zur Fleischproduktion zu schaffen und um Tierfutter anzupflanzen, hauptsächlich Soja
- um an darunterliegende Bodenschätze, wie Kupfer, Gold oder sogar Diamanten und Rohstoffe wie Kohle oder Erdöl zu gelangen
- um das Holz zu Papier und Möbeln zu verarbeiten
- um Palmen anzubauen, aus deren Früchten sich Öl pressen lässt, das unter anderem für bestimmte Fertiglebensmittel, Brotaufstriche und Biotreibstoffe verwendet wird.
- um das Land bei einer guten Gelegenheit teuer zu verkaufen - die Besitzer hoffen, dass der Wert ihres Landes steigt, wenn das Land woanders knapp wird.

Um Weideflächen für Rinder zu schaffen, wird Regenwald gerodet.

Anna erfährt außerdem, dass auch für die Nutztiere, die in Europa gezüchtet werden, Regenwald weichen muss. Denn Tiere haben Hunger und um den zu stillen, braucht es so viel Futter, dass für die benötigten Anbauflächen Regenwald abgeholzt und niedergebrannt wird. Darauf wird dann zum Beispiel Soja angepflanzt und als Tierfutter in alle möglichen Länder verkauft.

Wo keine Bäume mehr stehen, wird der fruchtbare Boden weggespült.

ABHOLZUNG

Im Regenwald werden Bäume gefällt, um sie in die ganze Welt zu verkaufen. Anna findet heraus, dass tropische Hölzer vom Amazonas zum Beispiel Jatoba, Massaranduba, Cumarú oder Ipe heißen. Das Holz ist begehrt, da es besonders hart ist. Cumarú zum Beispiel ist eines der härtesten Hölzer der Welt. Da sie außerdem widerstandsfähig und lange haltbar sind, werden aus den Hölzern Möbel, Fenster und Fußböden hergestellt.

Um den Regenwald vor zu starker Abholzung zu schützen, wird der Handel mit Tropenholz mittlerweile streng kontrolliert.

Die Abholzung frisst sich in den Wald hinein und zerstört den Lebensraum.

STAUDÄMME ZERSTÖREN LEBENSRAUM

Elano steht knietief im Fluss und fischt. Seit vor einigen Jahren in der Gegend ein Staudamm gebaut wurde, fängt er immer weniger Fische. Dort, wo früher dichter Regenwald stand, wo Menschen und unzählige Tiere am Fluss lebten, befindet sich heute ein riesiger Stausee. Dafür wurden Dörfer überflutet, die Menschen mussten wegziehen. Der Stausee ist zwar viele Kilometer entfernt, aber bereits hier fließt das Wasser nicht mehr, sondern dümpelt nur träge dahin, bis es irgendwann von der enormen Staumauer aufgehalten wird.

Staudämme

So nennt man enorme Mauern, die Menschen bauen, um Flüsse zu Seen zu stauen. Man nutzt das Wasser in diesen Stauseen meist zur Stromgewinnung, indem man es gezielt durch Turbinen laufen lässt, die Elektrizität erzeugen.

STAUDAMM IM BAU

WASSERKRAFTWERKE IM BELO MONTE

Belo Monte in Brasilien ist eines der größten Wasserkraftwerke der Welt. Trotz starker Proteste von Einheimischen und Umweltschützern laufen seit 2016 die ersten Turbinen. Durch den Bau der Belo-Monte-Staudämme am Fluss Xingu ist der Lebensraum zahlloser Tiere und Menschen bedroht, darunter sind auch einige indigene Völker.

Verlorener Lebensraum

Für die Stauseen werden riesige Gebiete überflutet, in denen vorher Menschen und Tiere gelebt haben. Und auch um den See herum muss Natur weichen: Zum Beispiel werden Kraftwerke errichtet oder Schneisen für Straßen in den Dschungel geschlagen.

JEDER KANN HELFEN

Anna kommt ins Wohnzimmer, wo Papa gerade eine Zeitung liest. „Papa?“, bittet sie. „Können wir ab jetzt mehr Gemüseburger essen?“ „Das machen wir“, Papa nickt. „Aber ob das genügt, um dem Regenwald zu helfen?“ Anna ist immer noch beunruhigt.

Erste Hilfe für den Regenwald

Unterschiedliche Organisationen setzen sich für die Regenwälder ein. Sie helfen zum Beispiel beim Anpflanzen von neuen Bäumen, richten Schutzzonen ein oder unterstützen die einheimischen Bauern dabei, waldfreundlicher zu arbeiten.

FRISCHES GEMÜSE AM BESTEN AUS DEINER REGION

Ich glaube fest daran, dass wir alle mithelfen können, den Regenwald zu schützen“, tröstet Papa sie. „Jeder kann Tag für Tag ganz einfache Dinge beachten, um dazu beizutragen, dass in Zukunft hoffentlich weniger Wald gerodet wird.“ „Dann müssen aber so viele Menschen wie möglich Bescheid wissen!“, sinniert Anna.

Fünf Tipps, mit denen du dem Regenwald von zu Hause aus helfen kannst

- Wenn du Fleisch essen möchtest, kannst du beim Metzger nachfragen, wo es herkommt. Bitte deine Eltern, lieber Fleisch vom kleinen Bauernhof in der Nähe als aus einem großen Mastbetrieb zu kaufen.
- Achte auch bei Milchprodukten darauf, dass sie nicht von Kühen aus Massentierhaltung stammen.
- Bitte deine Eltern, keine Möbel aus Tropenholz zu kaufen.
- Gehe sparsam mit Papier um. Du kannst beim Malen zum Beispiel auch die Rückseiten der Blätter benutzen. Benutze, wo es möglich ist, Recyclingpapier und Recyclingtoilettenpapier.
- Bitte deine Eltern, möglichst frisch und mit regionalen Produkten zu kochen. Fertiglebensmittel wie Tiefkühlpizza und Co. enthalten oft Palmöl.

„Gut erkannt“, bestätigt Papa sie. „Die Menschen müssen informiert werden, damit sie verstehen, was weit weg im Regenwald passiert. Und wir brauchen mutige Menschen, die sich kümmern, wenn ihnen was Ungewöhnliches auffällt. So wie zum Beispiel diese Journalisten, denen es gelungen ist, unerlaubte Abholzungen aufzudecken und die skrupellosen Geschäftemacher anzuzeigen.“

Anna beschließt, am nächsten Tag mit ihren Mitschülern über den Regenwald zu sprechen. „Gute Idee!“, findet Mama, die gerade in der Wohnzimmertür erschienen ist. Und sie hat gleich noch eine weitere Idee: „Verschiedene große und kleine Organisationen bemühen sich um den Schutz der Regenwälder“, erklärt sie. „Vielleicht schauen wir mal, ob es hier in der Nähe auch Umweltgruppen gibt, die wir unterstützen können?“

REGENWALD UND KLIMAWANDEL

Am nächsten Morgen im Sachkundeunterricht zeigt Anna auf. „Ich würde gern einmal über den Schutz des Regenwalds sprechen“, bittet sie. „Das trifft sich ja gut“, antwortet ihre Lehrerin. „Denn heute soll es um den Klimawandel gehen. Und beides hat eine ganze Menge miteinander zu tun.“ Dann erklärt sie weiter: „Auf der Erde wird es immer wärmer und das hat ernsthafte Auswirkungen auf die Natur. Auch der Regenwald leidet unter den sich verändernden Temperaturen. Außerdem verstärkt die Zerstörung des Regenwalds die Erderwärmung.“ „Aber warum wird es denn immer wärmer?“, möchte Anna wissen.

Klimaschutz ist Regenwaldschutz

Du kannst selbst dazu beitragen, den Ausstoß von Treibhausgasen zu senken. Strom und Heizung sparen, den Bus oder das Fahrrad nehmen, anstatt dich mit dem Auto fahren zu lassen, weniger Fleisch essen, Dinge lieber gebraucht als neu kaufen – all das hilft dem Klima.

Im Regenwald ist so viel Kohlenstoffdioxid gespeichert, wie wir Menschen innerhalb von 15 Jahren weltweit produzieren.

Wissenschaft und Politik …

… beschäftigen sich ebenfalls mit dem Klimawandel. Über hundert Länder haben im Pariser Abkommen festgelegt, dass sie ihren Kohlenstoffdioxid-Ausstoß reduzieren wollen. Wissenschaftler suchen sogar nach Möglichkeiten, Kohlenstoffdioxid aus der Atmosphäre zu filtern.

COP21 · CMP11
PARIS 2015
UN CLIMATE CHANGE CONFERENCE

Logo der Pariser Klimakonferenz 2015

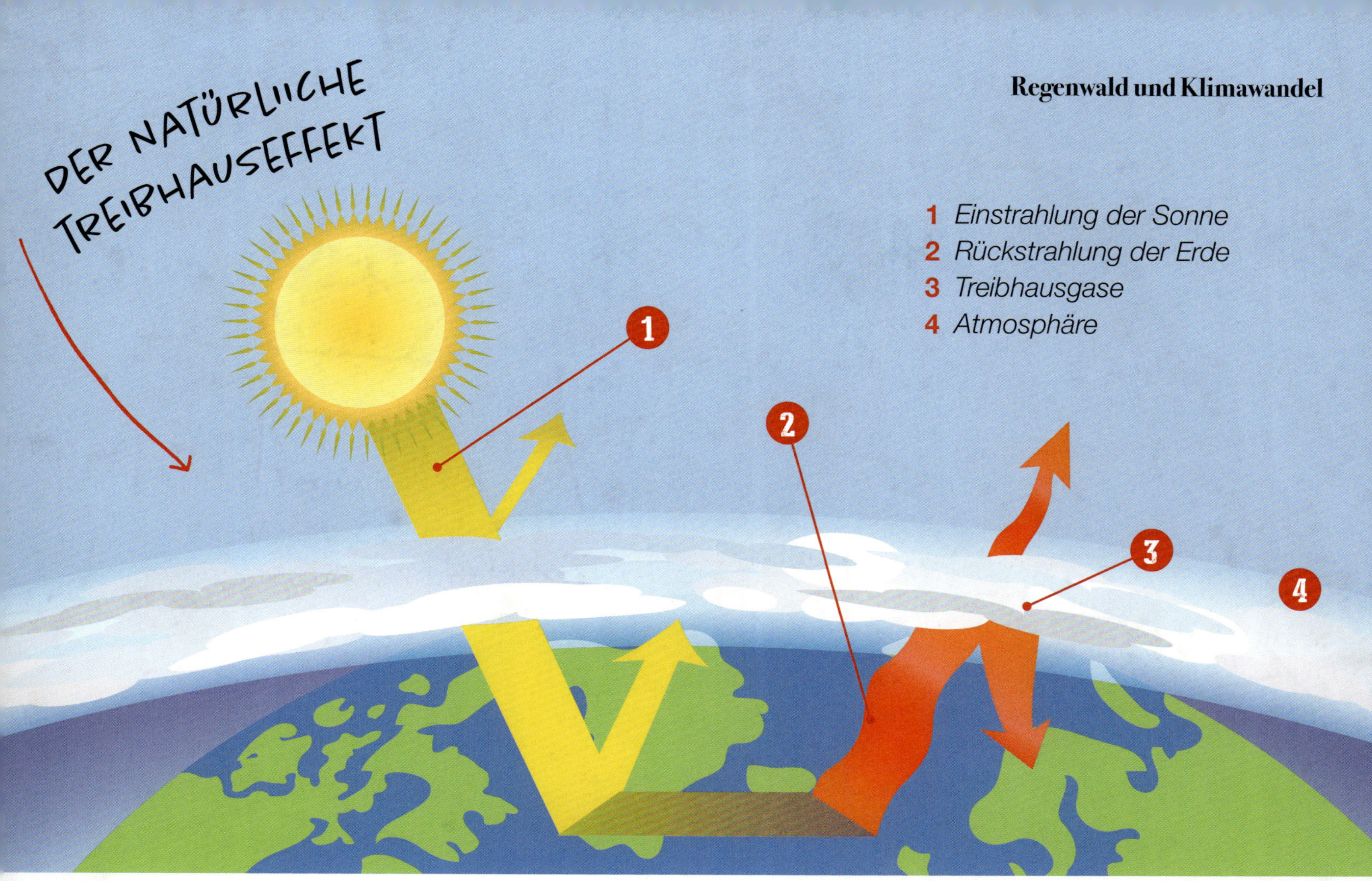

Die Erde ist von der Atmosphäre umgeben“, sagt die Lehrerin. „Das ist so etwas wie eine Lufthülle, in der es zum Beispiel Treibhausgase gibt. Die sorgen dafür, dass ein Teil der Sonnenwärme in der Atmosphäre gespeichert und ein anderer Teil ins Weltall abgegeben wird. Das nennt man Treibhauseffekt. Wir brauchen diesen natürlichen Effekt, denn ohne ihn wäre es auf der Erde eiskalt. Wir Menschen pusten aber mit unseren Autos, Flugzeugen und Fabriken so viele Treibhausgase in die Luft, dass wir die Zusammensetzung der Atmosphäre verändern und den Treibhauseffekt verstärken. Deshalb bleibt immer mehr Wärme auf der Erde. Eines der Treibhausgase heißt Kohlenstoffdioxid. Wenn Bäume wachsen, nehmen sie dabei Kohlenstoffdioxid aus der Luft auf. Dann bleibt also weniger davon in der Atmosphäre.“

Eine der Folgen des Treibhauseffekts ist das Abschmelzen des Polareises, dem Lebensraum des Eisbären.

Anna darf ihren Mitschülern erzählen, was sie schon alles über den Regenwald herausgefunden hat. Die Klasse lässt sich von ihrer Begeisterung anstecken und plant eine Projektwoche zum Thema Regenwald.

Speicher

Beim Wachsen nehmen Bäume Kohlenstoffdioxid auf. Werden sie bei Waldrodungen verbrannt, können sie kein Kohlenstoffdioxid mehr aus der Luft filtern. Sie geben dann sogar das in ihnen gespeicherte Kohlenstoffdioxid wieder frei, sodass noch mehr davon in die Atmosphäre gelangt.

BESUCH IM TROPENHAUS BEI KATRIN
HERR SCHULTE KOMMT IN DIE KLASSE UND ERZÄHLT VOM JOURNALISMUS UND EINEM SPANNENDEN FALL.

REGENWALD-PROJEKTWOCHE

Anna und die Kinder aus ihrer Klasse finden die Themen Natur und Umwelt wahnsinnig interessant und wichtig. Deshalb beschließen sie gemeinsam mit ihrer Lehrerin, am Ende des Schuljahres eine ganze Projektwoche rund um den Regenwald zu gestalten. Sie denken sich dafür spannende Aktionen und Aktivitäten aus und organisieren alles selbst. Hast du Lust, Anna und ihren Freunden ein wenig dabei zu helfen?

GEDANKEN ZU REGENWALD UND UMWELT

Anna organisiert gemeinsam mit einigen Kindern eine Gesprächsrunde für die Schülerinnen und Schüler der gesamten Schule. Nachdem sie einen kleinen Vortrag über die Bedrohung der Regenwälder gehalten hat, unterhalten die Kinder sich miteinander. Jeder darf seine Gedanken aussprechen. Wie ist ihre Sicht auf die Probleme? Machen sich die Kinder Sorgen? Wollen sie gern etwas für den Schutz der Regenwälder tun? Wenn du möchtest, kannst du deine Gedanken in die freien Sprechblasen eintragen.

Wie erfahren wir, was im Regenwald passiert?

Mich macht es traurig, dass so viele Tiere ihr Zuhause verlieren.

Ich habe Angst, dass es zu warm wird, wenn ich später erwachsen bin.

Ich möchte so gern,
dass es bei uns
weiter im Winter
schneit!

Ich habe gehört, dass
die Regenwälder auch wichtig für
das Klima sind. Wenn es weniger
Bäume gibt, wird es auf der Erde
noch wärmer.

Ich verstehe nicht, warum die
Menschen sich nicht schon viel
früher gekümmert haben!

Es wäre schön, wenn
die Luft überall so gut
riechen würde, wie im
Wald bei meinem Opa!

GRÜNE SCHULE

Bäume nehmen aus der Luft Kohlenstoffdioxid auf und verwandeln es in Sauerstoff, den Menschen und Tiere zum Atmen brauchen. Deshalb ist es für die Erde sehr schlecht, wenn im Regenwald Millionen Bäume abgeholzt werden. Anna und ihre Mitschülerinnen und Mitschüler wollen einen kleinen Beitrag dazu leisten, dass es so viele Bäume wie möglich auf der Welt gibt. Deshalb kaufen sie von dem Geld in ihrer Klassenkasse zwei kleine Bäumchen und pflanzen sie am Rande des Schulhofs ein.

1 Zuerst heben die Kinder mithilfe des Hausmeisters ein Loch aus dem Rasen aus und stellen den Baum hinein.

2 Neben dem Baum kommt auch ein Pfahl in das Loch. Daran binden sie den Baum fest, denn er ist noch jung und zart und soll bei starkem Wind oder Regen nicht umkippen.

3 Jetzt wird das Loch wieder mit Erde zugeschüttet. Die Erde drücken sie rundherum gut fest, damit der Baum sicher in der Erde steht. Dann begießen sie das Ganze kräftig mit Wasser.

4 Zum Schluss düngen die Kinder den Baum mit Kompost, den Anna mitgebracht hat – Mama und Papa haben nämlich einen Komposthaufen im Garten!

ZIMMER-REGENWALD

Auch im Klassenzimmer soll ein gutes Klima herrschen. Deshalb legen die Schülerinnen und Schüler auf der Fensterbank einen Regenwald-Garten an. Sie bitten ihre Eltern, die Pflanzen beizusteuern. So gibt es in der Klasse bald Orchideen, Philodendren und verschiedene Farne. Es sieht richtig schön aus, wie ein Mini-Dschungel!
Vielleicht habt ihr zu Hause auch Zimmerpflanzen, die ursprünglich aus dem Regenwald stammen? Frag deine Eltern nach den Namen eurer Pflanzen, dann kannst du in einem Lexikon nachlesen, wo sie in der Natur vorkommen.

Bäume pflanzen

Es gibt schon einige Initiativen im Internet, schaue doch einfach mal hier rein.

Bitte scannen

GIESSEN NICHT VERGESSEN!

Wer gießt? Und wann?

WOCHE	Montag	Dienstag	Mittwoch	Donnerstag	Freitag
1.-5. Mai	ANNA	LOTTE	RAUL	MARLENE	KARL
8.-12. Mai	MARLENE	KARL	LINO	MATTIS	NINA
15.- 19. Mai	MATTIS	NINA	LEO	JOHAN	LEE
22.- 26. Mai	JOHAN	LEE	PAUL	NIKLAS	YO-CHIN
29.-2. Juni	NIKLAS	YO-CHIN	ANNA	LOTTE	RAUL

DEN FAKTEN AUF DER SPUR

Die Lehrerin hat eine Überraschung für den heutigen Projekttag. Sie hat Herrn Schulte eingeladen, der einen Artikel über den Regenwald geschrieben hat. Anna freut sich besonders, sie kennt den Artikel schon, ihr Vater hatte ihr davon erzählt. Die Kinder sind sehr aufgeregt und bestürmen ihn gleich mit ihren Fragen: „Wann waren Sie im Regenwald?“ „Haben Sie da auch gefährliche Tiere gesehen?“ „Wie kann man weitere Abholzung verhindern?“ „Bitte nicht alle auf einmal“, lacht Herr Schulte. „Ich werde alle Fragen beantworten, versprochen.“

Investigativer Journalismus

Investigativ kommt vom lateinischen Wort „investigare“: aufspüren, genau untersuchen. Diese Reporter haben sich zur Aufgabe gemacht, das aufzudecken, was kriminelle und korrupte Menschen vor der Öffentlichkeit verheimlichen wollen.

UNSERE KLASSE

HERR SCHULTE

Die erste Frage darf Leo stellen: „Waren Sie mitten im Regenwald, da wo der richtige Dschungel ist?“ „Ja, ich war wirklich im Regenwald, um vor Ort zu recherchieren und mit Wissenschaftlern zu sprechen. Aber ich gehe auch zu politischen Gipfeln, auf denen sich die Mächtigen der Welt treffen, um Entscheidungen zu besprechen und Gesetze vorzubereiten.“

„Wie sieht es denn im Dschungel aus?“ will Johan wissen. „Ganz tief im Regenwald ist es unglaublich schön, lauter unbekannte Gerüche und Geräusche, viele Tiere und Pflanzen. Aber ich war meistens dort, wo auch Menschen leben, um Hintergründe für meinen Artikel zu recherchieren.“

Und wie sind Sie dann den Verbrechern auf die Spur gekommen?“, endlich ist Anna dran. „Angefangen hat alles mit einem Gerücht, von dem mir mein Freund Miguel erzählt hat. Dabei ging es um illegal geschlagenes Holz, das nach Europa verkauft wurde. Das hat uns natürlich neugierig gemacht und wir wollten wissen, ob da was dran ist. Also haben wir die Recherchearbeit aufgeteilt. Ich habe versucht, die Verantwortlichen der Firmen in Europa mit den Vorwürfen zu konfrontieren“, berichtet Herr Schulte.

Viele Holztransporte sind legal, das macht die Entdeckung illegaler Transporte schwierig.

Informanten-schutz

Damit Journalisten überhaupt kritische Unterlagen bekommen können, haben sie das Recht, auch vor Gericht, die Namen der Informanten zu verschweigen und sie damit zu schützen.

Miguel konnte beteiligte Waldarbeiter im Regenwald ausfindig machen und befragen. Sie haben auf Fotos die Einkäufer der Firmen wiedererkannt. Entscheidend war, dass uns ein Informant Frachtpapiere zugespielt hat. Damit hatten wir endlich Indizien, mit denen wir zu den Behörden gehen konnten. Es war dann Aufgabe der Polizei, weitere Beweise zu finden. Die Chefs der Firmen konnten vor Gericht gestellt und verurteilt werden.“

Gartenmöbel aus Topenholz werden in Europa besonders wegen ihrer Witterungsbeständigkeit geschätzt.

WAS MUSS PASSIEREN?

Sie haben vorhin gesagt, dass Sie an politischen Gipfeln teilnehmen. Was passiert dort? Und was machen Sie dort genau?“, fragt Niklas. „Bei diesen Gipfeln treffen sich die Staatschefs und Vertreter der UNO, um über wichtige Themen zu beraten. Gemeinsam können sie wirklich was bewegen. Aufgabe eines Journalisten ist auch, zu überwachen, ob sie ihre Versprechungen halten und ob sie schnell genug handeln. Also stelle ich Fragen und überprüfe, ob die Politiker die Wahrheit sagen. Über die Aussagen und Beschlüssen informiere ich die Öffentlichkeit, also alle Leute, die nicht dabei sein dürfen. Manche Politiker sind von meinen Artikeln nicht grade begeistert, besonders wenn ich ihre Aussagen kritisch beleuchte.“ „Aber die Politiker sind doch nicht die Einzigen, die sich auskennen?“, wirft Nele ein. „Um die richtigen Entscheidungen treffen zu können, brauchen Politiker viele Informationen. Diese bekommen sie zum Beispiel von Frau Barner, die ein tolles Projekt im Regenwald betreut. Aber auch Naturschützer des WWF berichten den Politkern von ihren Erfahrungen und den Bedürfnissen der Tiere.“

WWF

Das Logo des World Wide Fund For Nature. Er ist einer der größten Umweltschutzverbände der Welt.

Viele kleine Hinweise und Spuren müssen gesammelt und auf ihre Beweiskraft untersucht werden.

EIN CAMP IM REGENWALD

Herzlich willkommen! Wie fühlt ihr euch im Regenwald?", begrüßt Katrin Barner die Klasse. Sie hat das Tropenhaus des Zoos als Treffpunkt vorgeschlagen. „Horatio fühlt sich jedenfalls sehr wohl. Er ist eigentlich am Amazonas zu Hause, wurde allerdings hier im Zoo geboren", stellt sie den zahmen Leguan auf ihrem Arm vor. Die Forscherin kommt gerade aus Brasilien zurück. Ein Camp im Regenwald war für vier Monate ihr Zuhause, und darüber wird sie jetzt erzählen.

Zoos in der ganzen Welt nutzen die Forschungsergebnisse, um die Haltung der Tiere und deren Erhaltung zu verbessern.

„Ich liebe es, die Tiere in ihrem natürlichen Lebensraum zu beobachten und möchte dazu beitragen, diesen zu erhalten. Wir wollen herausfinden, wie das Klima weltweit zusammenhängt und wie es die Tiere beeinflusst. Die Erderwärmung hat sicher Auswirkungen auf den Regenwald, umgekeht hat die Abholzung des Regenwalds aber auch Auswirkungen auf das Weltklima."

Katrin hat sich schon immer für Schildkröten interessiert.

Katrin erklärt, dass sie mit vielen weiteren Kollegen aus verschiedenen Fachrichtungen als Team unterwegs war. „Unser Forschungsprojekt ist international, Wissenschaftler aus aller Welt sind an diesem Projekt beteiligt."

HORATIO

FORSCHER AUS ALLER WELT

Wir versuchen herauszufinden, wie Pflanzen und Tiere im Regenwald reagieren, wenn immer mehr Treibhausgas wie Kohlenstoffdioxid in der Atmosphäre ist. Dazu haben wir Messtürme, die ziemlich hoch sind und über die Bäume hinausragen. Von da oben können wir genau festgelegte Mengen des Treibhausgases in genau definierte Zonen leiten. Diese Bereiche beobachten wir dann über einen längeren Zeitraum und dokumentieren jede Veränderung", berichtet Katrin.

Cecile untersucht die Blätter.

DER TURM IST ÜBER 40 METER HOCH

Da ich immer nur kurze Zeit im Camp sein kann, ist das Ziel, so viele Daten wie möglich zu sammeln. Die Messungen kann ich dann hier im Labor der Universität vergleichen und auswerten. Das ist der theoretische Teil der Arbeit. Das machen die anderen Forscher auch so. Natürlich stehe ich weiter mit allen in Kontakt und wir tauschen unsere Erkenntnisse aus. Die Ergebnisse sollen dann möglichst viele Leute erfahren, deshalb veröffentlichen wir unsere Forschungsberichte."

Auf der ganzen Welt interessieren sich Menschen für den Amazonas und den Erhalt des Regenwalds. Unser Camp wird jetzt gerade von einem anderen Team genutzt. Diesmal sind es keine Wissenschaftler, sondern Studenten, Journalisten und Künstler, die sich vom Regenwald inspirieren lassen. Gerade Künstler können mit tollen Bildern große Aufmerksamkeit erregen."

So weit das Auge reicht, nichts als ein grünes Meer aus Baumwipfeln.

Hier könnt ihr die Wissenschaftlerin Katrin selber kennenlernen. Sie erzählt in einem kurzen Video was sie macht und wo sie arbeitet.

Bitte hier scannen

Die 150 Mitarbeiter unserer Organisation sind auf der ganzen Welt verteilt. Obwohl große Entfernungen zwischen uns liegen, arbeiten wir mit den Kollegen in Brasilien, den USA, Australien und allen Ländern Europas eng zusammen Wir wollen alle dazu beitragen, dass möglichst viele Menschen erfahren, wie es dem Regenwald geht."

WIR MACHEN WAS!

Nach dieser Projektwoche steht fest: Allen sind die Regenwälder, die Umwelt und das Klima wichtig! Deshalb überlegt nun jedes Kind, was es im Alltag tun könnte, um sein kleines Stück zum Schutz der Erde beizutragen. Ihre Ideen schreiben die Kinder auf Zettel und sammeln sie auf einer Pinnwand. Hast du auch eine Idee?

Geschenkpapier aus alten Zeitungen machen

mit alten Kartons anstatt mit neuem Papier basteln

zu einer Umweltdemonstration gehen

seltener Fleisch essen

Bienenfreundliche Blumen aussäen

wenn es im Haus kalt ist, lieber einen warmen Pullover anziehen und nicht gleich die Heizung aufdrehen

noch öfter mit dem Rad fahren

im Garten ganz viele Bäume pflanzen

DEIN PLAKAT!

Hast du Lust, dein eigenes Regenwaldplakat zu gestalten?

SUCHE EINEN STARKEN SPRUCH FÜR DEN REGENWALD UND SCHREIBE IHN AUF. ZUM BEISPIEL:

„SCHÜTZEN WIR DEN REGENWALD, SCHÜTZEN WIR DIE ERDE!"

ODER FÄLLT DIR EIN NOCH BESSERER SPRUCH EIN?

BENUTZE KRÄFTIGE FARBEN!

ZEICHNE EIN PASSENDES BILD ZU DEINEM SPRUCH!

ABC

SCHREIBE AM BESTEN IN GROSSBUCHSTABEN!

HIER KANNST DU MEHR ERFAHREN

Kindgerechte Webseiten mit vielen Infos und tollen Erklärungen

Abenteuer Regenwald
Abenteuer Regenwald zeigt mit einfachen Tipps und Anleitungen, was jeder für den Schutz der Umwelt tun kann. Interaktive Angebote wie Spiele, Rezepte, Bastel- und Malvorlagen laden dazu ein, sich über die Website hinaus mit dem Thema zu beschäftigen.
www.abenteuer-regenwald.de

Faszination Regenwald
Das Regenwald-Portal wurde von einem Biologen gegründet, der von der Schönheit des Regenwalds fasziniert ist. Neben vielen Informationen gibt es auch Tipps, wie jeder mithelfen kann, den Regenwald zu erhalten.
www.faszination-regenwald.de

Institutionen und Vereine

GEO schützt den Regenwald e.V.
Der Verein realisiert seit 30 Jahren Projekte für den Erhalt der Regenwälder. Er unterstützt besonders die Menschen, die im Regenwald leben.
www.geo.de/natur/regenwaldverein

Greenpeace
Greenpeace ist eine internationale Umweltorganisation, die mit Aktionen auf den Schutz der natürlichen Lebensgrundlagen von Mensch und Natur aufmerksam macht.
www.greenpeace.de/themen/waelder

Lebensraum Regenwald e.V.
Der Verein hat sich zum Ziel gesetzt, den Regenwald als Lebensraum für Menschen und Tiere zu schützen und zu erhalten. Er hilft indigenen Völkern bei der Erschließung neuer Einnahmequellen und unterstützt Wiederaufforstungsprojekte.
www.lebensraum-regenwald.de

Oro Verde
Die Stiftung Oro Verde setzt sich seit 30 Jahren für den Erhalt der tropischen Regenwälder ein mit besonderem Fokus auf der Zusammenarbeit mit den Menschen vor Ort. Im Bereich Kids befinden sich Wissensseiten, Aktionen und Wettbewerbe zum Mitmachen und Kreativwerden sowie Infomaterial zum Bestellen.
www.oroverde.de

Rettet den Regenwald e.V.
Seit 1986 unterstützt Rettet den Regenwald e.V. Organisationen in den Regenwäldern, damit dort Abholzungen und Umweltzerstörung verhindert werden. Die Webseite und das Magazin bieten viele Informationen rund um den Regenwald.
www.regenwald.org

WWF
Der World Wide Fund For Nature (WWF) ist eine der größten Naturschutzorganisationen der Welt und in mehr als 100 Ländern aktiv. Er engagiert sich auch für Projekte im Amzonasgebiet.
www.wwf.de/themen-projekte

Forschungsprojekte

AmazonFACE Program
Die Geschichte des Forschungsprojekts auf Seite 90–92 in diesem Buch basiert auf dem Projekt der Technischen Universität München namens „AmazonFACE Program“:
www.lsai.wzw.tum.de

Es gibt viele weitere Forschungsprojekte, zum Beispiel:

ATTO
Das deutsch-brasilianische Gemeinschaftsprojekt ATTO mit Sitz in Manaus untersucht im Amazonasregenwald den Einfluss dieser Region auf das Weltklima.
www.attoproject.org

Klimawandel

Umweltbundesamt
Das Umweltbundesamt erhebt Daten über den Zustand der Umwelt, erforscht Zusammenhänge und erstellt Prognosen für die Zukunft. Auf der Webseite werden unter anderem Daten und Messwerte zum Klimawandel veröffentlicht.
www.umweltbundesamt.de/daten/klima

GLOSSAR

Hier findest du einige wichtige Begriffe aus dem Buch

Aufsitzerpflanze	Pflanzen, die auf Bäumen wachsen; sie haben keine Wurzeln und nehmen Wasser und Nährstoffe aus der Luft auf
Baumkronen	Vierte Etage des Regenwalds, Lebensraum für Affen, Faultiere, Insekten, Fledermäuse und Vögel
Baumschicht	Dritte Etage des Regenwalds, Lebensraum für Kolibris, Schmetterlinge, Leguane und Pfeilgiftfrösche
Boto	Süßwasserdelfin, der im Amazonas lebt. Junge Delfine sind grau, im Alter sehen sie rosa aus, da man durch die dünn gewordene Haut das Blut schimmern sieht.
Brandrodung	Niederbrennen des Walds, um freie Flächen zu schaffen, die dann für den Anbau von Palmöl oder als Weide für Vieh genutzt werden können
Dschungel	Dichter, kaum zu durchdringender Wald, Lebensraum für viele Tiere, auch noch völlig unbekannte Arten
Expedition	Lange Forschungsreise, oft mehrere Wochen, Monate oder gar Jahre andauernd
Humboldt Alexander	Forschungsreisender, der um 1800 als Erster den Amazonas erforscht hat
Indigene Völker	Einheimische Völker, die im Regenwald ganz ursprünglich mit der Natur leben, zum Beispiel die Yanomami und Huaorani
Krautschicht	Erste Etage des Regenwalds, Lebensraum für Tapir, Jaguar und Ameisenbär
Liane	Pflanze, die an anderen Pflanzen hochwächst und lange Ranken bildet
Mangrovenwald	Wald, der in Schlamm und Schlick an Flussmündungen und Meeresküsten wächst, seine Wurzeln stehen ständig im Wasser
Passatwind	Wind, der feuchte Meeresluft ins Landesinnere treibt
Regenzeit	Zeit, in der es besonders viel regnet, dauert am Amazonas von Januar bis Juni
Strauchschicht	Zweite Etage des Regenwalds, Lebensraum für Agutis, Schlangen und viele Käfer, Schmetterlinge und Spinnen
Treibhauseffekt	Treibhausgase verringern die Abstrahlung der Wärme in den Weltraum, dadurch erwärmt sich die Erdatmosphäre
Treibhausgase	Gase, die in der Luft die Temperaturerhöhung verstärken, wie zum Beispiel Methan und Kohlenstoffdioxid
Trockenzeit	Zeit, in der es wenig regnet; dauert am Amazonas von Juli bis Dezember
Überständer	Fünfte Etage des Regenwalds, einzelne Baumriesen, die mehrerer 100 Jahre alt sind und deutlich über die anderen Bäume hinausragen, Lebensraum für Aras und Tukane
Urwald	Wald, der sich ohne menschlichen Eingriff entwickelt
Wasserkreislauf	Weg des Wassers auf der Erde von der Verdunstung über das Abregnen bis zur Versickerung und den Abfluss in Bäche und Flüsse
Würger	Pflanze, die auf Bäumen wächst und diese nach und nach überwuchert; manchmal sieht das so aus, als würden diese Pflanzen die Bäume erwürgen, daher der Name